FABRICE BOCQUET

L'IMPORTANT C'EST LES TROIS POINTS

UNE IDENTITÉ UNE ENTREPRISE DES ÉMOTIONS

UN DIRIGEANT DÉVOILE
LES COULISSES ET
LE FONCTIONNEMENT
D'UN CLUB DE LIGUE 1

AMPHORA

Relecture : Hélène Fitamant Gaudin
Couverture : Lionel Rousseau - Amphora
Mise en page : Jeff Renoux - Artemishqc.com

Imprimé en Europe par Sagrafic
Pasaje Carsi n°6 - 08025 Barcelone

978 275 760 532 5

PRÉAMBULE

La première Coupe du monde dont je me souviens est celle de 1990. Je n'avais pas encore 8 ans et je vivais à Paris. J'avais suivi le formidable parcours du Cameroun et de son attaquant Roger Milla jusqu'en quart de finale. Cette Coupe du monde me fit aussi pleurer. Ce jour-là, je n'étais pas le seul à être abattu. Je partageais la tristesse d'un homme qui ne me connaissait pas. Je ne l'avais jamais rencontré mais je m'étais attaché à lui grâce à la magie qui sortait de ses pieds et aux émotions qu'il transmettait. Le 8 juillet 1990, l'Argentine perdait la finale de la Coupe du monde contre l'Allemagne sur le score d'un à zéro grâce à un penalty litigieux transformé par le défenseur allemand Andreas Brehme à 5 minutes de la fin du match. Le capitaine de la sélection argentine, Diego Armando Maradona, pleurait à chaudes larmes pendant la remise des médailles et j'étais également inconsolable.

L'Allemagne était championne du monde en 1990, mais Diego Armando Maradona et l'Argentine avaient remporté la victoire des émotions. Maradona n'était pas le plus grand, pas le plus costaud ni le plus exemplaire des êtres humains, mais il était capable de faire quelque chose que peu réussissent : transmettre des émotions, faire rêver. Ce souvenir d'enfance restera gravé à jamais et, trente ans plus tard, j'ai toujours une affection particulière pour l'équipe d'Argentine. Tous les amoureux du football ont leurs propres histoires comme celle-ci. Des histoires de joueurs, de clubs ou de sélections. Des histoires qui finissent bien ou parfois mal. Des émotions, quoi qu'il arrive.

Dans le football, l'émotion est partagée. Et ce partage est synonyme de lien social et de bonheur. Être supporter d'un club est souvent une histoire de famille. C'est une passion qui se transmet de génération en génération. Un grand-parent qui emmène son petit-fils ou sa petite-fille au stade pour supporter son club de cœur assure tout naturellement cette transmission. Cet enfant vivra des émotions qu'il n'oubliera jamais et restera probablement toujours supporter du même club. Un club, c'est aussi l'histoire d'une communauté, d'un territoire. C'est un vecteur d'identité et de fierté.

Eduardo Galeano, l'un des écrivains uruguayens les plus réputés du xxe siècle, mais aussi un grand passionné de football, définissait le football comme étant « la chose la plus importante parmi les choses les moins importantes ». Eduardo Galeano aimait le côté romantique du football et les émotions qu'il générait. Il acceptait volontiers les excès de stars du ballon rond comme Diego Armando Maradona. Le football était un art, un spectacle et rien d'autre. Les aspérités des joueurs, les erreurs d'arbitrage faisaient partie du charme. C'était la quintessence même de ce sport.

Depuis cette Coupe du monde en 1990, le football a bien changé. L'argent a inondé ce sport qui est devenu un véritable secteur d'activité générant des milliards d'euros chaque année. En 1990, Roberto Baggio, le joueur le mieux payé au monde, touchait un salaire d'environ 3 millions d'euros [1] par an. Trente ans plus tard, en 2020, Lionel Messi a une rémunération autour de 90 millions d'euros [2]. Alors que le transfert de Maradona en

1 https://www.sportune.fr/article/de-1953-a-cristiano-ronaldo-levolution-des-salaires-dans-le-foot-95168/6, février 2021.

2 https://www.lepoint.fr/sport/le-top-10-des-footballeurs-les-mieux-payes-de-la-planete-24-03-2020-2368646_26.php#, février 2021.

1984 du FC Barcelone au SSC Naples coûta autour de 12 millions d'euros[3], le transfert de Neymar du FC Barcelone au Paris Saint-Germain s'éleva à 222 millions d'euros en 2017[4]. Le prix d'un Boeing 777-200ER flambant neuf.

Les clubs de football professionnels sont devenus des sociétés privées et les plus grands d'entre eux comme le Real Madrid, Manchester United ou le Bayern Munich sont des marques internationales dont la notoriété dépasse largement le cadre du football. Leur chiffre d'affaires ne cesse d'augmenter et se rapproche progressivement du milliard d'euros.

Le terme « *foot business* » a émergé ces dernières années pour désigner la financiarisation du football. Alors que les amoureux du football veulent vivre des émotions, on parle surtout de *trading* de joueurs et de résultats. Tandis que les supporters sont attachés aux joueurs qui ont l'amour du maillot, il n'y a jamais eu autant d'instabilité dans les effectifs de clubs qu'aujourd'hui. Le football est le sport le plus populaire du monde, mais il est désormais bien compliqué de le regarder sans souscrire à de nombreux abonnements.

L'incertitude si caractéristique du football semble disparaître petit à petit. Ce football qui permet de voir un David terrasser Goliath, comme l'épopée de la sélection danoise qui remporta l'Euro 1992 alors qu'elle n'était même pas qualifiée pour cette compétition. Depuis 2001, le club portugais du FC Porto est la seule équipe n'évoluant pas dans un championnat du Big Four[5] à avoir remporté la Ligue des champions.

---

3 https://www.transfermarkt.fr/jumplist/transfers/spieler/8024/transfer_id/66459, février 2021.

4 https://www.transfermarkt.fr/neymar/transfers/spieler/68290/transfer_id/1866385, février 2021.

5 Les championnats d'Angleterre, d'Espagne, d'Allemagne et d'Italie.

L'entraîneur argentin Marcelo Bielsa est un personnage clivant du football, qui représente bien ce décalage entre émotions et résultats. Marcelo Bielsa ne fait pas partie des entraîneurs en activité ayant un palmarès important. Pourtant, il est régulièrement cité comme source d'inspiration par des entraîneurs bien plus titrés tels que Pep Guardiola, Diego Simeone ou Jurgen Klopp. Lors de son passage sur le banc de l'Olympique de Marseille en 2014-2015, le club termina à une décevante quatrième place, mais la qualité de jeu déployée par son équipe pendant une grande partie de la saison lui fit gagner le cœur des supporters marseillais. Avec Marcelo Bielsa, ce n'est pas un football où seul le résultat compte. Marcelo Bielsa place la génération d'émotions et ses principes de jeu, de vie, au centre de tout. Les résultats, les trois points, sont une conséquence et non l'inverse. Dans un secteur où la médiatisation est exacerbée, Marcelo Bielsa semble être là pour l'amour du football et rien d'autre. Assis sur une glacière devant son banc de touche, muni de son survêtement de l'Olympique de Marseille, il renvoyait alors une image plus proche d'un entraîneur de terrains amateurs.

Cette idée du football, ce jeu sans arrière-pensée de notre enfance qui nous fait vibrer et réchauffe nos cœurs, est souvent mise en opposition avec le *football business* plus focalisé sur le résultat et la diminution de l'aléa sportif. Nous sommes pris d'affection pour ces entraîneurs qui nous rappellent que ce football de notre enfance est toujours compatible avec le football de haut niveau. Ils nous enseignent que la fin ne justifie pas les moyens. Parce que la fin n'a pas le monopole des émotions. Le plaisir aussi est dans l'aventure. Ceux qui ont compris cela conquièrent le cœur des gens.

En grandissant, la passion du football ne m'a jamais quitté. Mais j'ai aussi appris à découvrir et aimer le monde de l'entreprise pendant mes études et mes premières expériences professionnelles. Parfois, le terme d'« entreprise » a une connotation négative. Une image froide et trop focalisée sur la rentabilité à court terme. J'ai pourtant vu des entreprises et travaillé dans des sociétés qui avaient érigé une forte culture interne. Le respect et le bien-être des employés n'étaient pas que des mots. Je ne crois pas qu'une société avec une culture défaillante et sans vision puisse être performante sur la durée. Comme dans le football, la vie d'entreprise est aussi une aventure humaine. Bâtir une culture et une identité forte permet aux équipes de mettre du sens dans leur action. De se responsabiliser, de s'épanouir et de vivre une belle histoire collective. Construire et communiquer une vision inspirante permet de ne pas changer de cap dès que les difficultés s'amoncellent.

Associer le monde de l'entreprise et l'essence du football ne m'a jamais paru contradictoire. Un club de football est une entreprise. Dire cela ne trahit en rien le football que nous aimons. Mais encore faut-il définir de quelle entreprise nous parlons. Comprendre les spécificités du secteur qui font que de brillants chefs d'entreprise s'aventurant dans le football ont éprouvé les pires difficultés à développer un club performant et stable. Avoir également le courage de fixer la génération d'émotions comme objectif prioritaire, les résultats et les trois points de la victoire étant une conséquence naturelle. Démontrer que plus un club sera sain, aligné avec son identité et économiquement solide, plus il pourra obtenir de bonnes performances et faire vibrer ses supporters.

Les dimensions économiques et sportives d'un club de football ne s'opposent pas. Elles sont liées au sein du même cercle. Ce cercle peut être vertueux ou devenir vicieux. Un club misant trop exclusivement sur le recrutement de joueurs met en péril sa santé financière et joue à la roulette russe. Car la victoire n'est jamais garantie dans le football. À l'inverse, un club se séparant de nombreux joueurs clés de son effectif pour améliorer sa rentabilité immédiate prend le risque de voir ses performances sportives baisser, ce qui entraîne inexorablement une détérioration de la situation économique. Tendre vers le cercle vertueux nécessite de trouver et de maintenir un équilibre instable entre les dimensions économiques et sportives. C'est une tâche d'une complexité invisible à l'œil nu. C'est le rôle d'un dirigeant de club.

La plupart des livres de football concernent les entraîneurs à succès ou les épopées de sportifs ou de grands clubs. Ces excellents ouvrages évoquent les personnages et les clubs les plus médiatiques du secteur, car ce sont eux qui nous font rêver. Quelques très bons livres décrivent le secteur du football dans sa globalité ou l'émergence de la *data* dans le sport par exemple. Mais il existe peu de livres qui traitent du *management* d'un club de football du point de vue de la direction. Les spécificités auxquelles un dirigeant est confronté au quotidien sont peu abordées. C'est un travail de l'ombre, moins médiatique, mais qui reste essentiel à la réussite d'un club et d'un entraîneur. Nous sommes tous d'accord pour souligner la magnifique carrière et la longévité d'Alex Ferguson à la tête de Manchester United durant 27 ans. Mais peu se souviennent qu'à son arrivée, Alex Ferguson était très décrié. Après trois ans en poste et un début très poussif en championnat, les supporters faisaient pression pour qu'il soit renvoyé. La banderole « Trois ans d'excuses et c'est toujours pourri » fut déployée à Old Trafford après une défaite de cinq buts à un contre Manchester City. Une direction moins solide aurait probablement cédé face à la pression et changé d'entraîneur. La carrière d'Alex Ferguson aurait été bien différente. Probablement le palmarès de Manchester United aussi.

J'ai la chance dans mon parcours d'avoir vécu ma passion, le football, à travers plusieurs de ses dimensions. J'ai été joueur amateur et semi-professionnel. J'ai aussi été éducateur de jeunes et trésorier dans un club de la région parisienne pendant mes études. J'ai également eu l'opportunité de faire, durant quelques mois, l'audit d'un club de Dakar racheté par l'AS

Saint-Étienne. J'ai ensuite occupé plusieurs postes de direction pendant sept ans au FC Lorient. J'ai connu la joie d'une septième place de Ligue 1. Puis la douleur d'une relégation du club en Ligue 2. Et enfin un titre de champion de Ligue 2 et une remontée en Ligue 1 obtenue dans des conditions particulières liées à la COVID-19. Du FC Barcelone au FC Lorient, d'un club professionnel à un club amateur, nos moyens ne sont pas les mêmes, notre notoriété diffère, mais nos problématiques sont similaires. Nos émotions sont comparables.

Mes autres expériences professionnelles en tant qu'entrepreneur, puis chez Lehman Brothers et au sein du cabinet de conseil en stratégie McKinsey & Company m'ont permis de comparer le fonctionnement d'un club avec des entreprises d'autres secteurs. J'ai ainsi pu identifier, analyser et formaliser les spécificités d'un club de football. Ce dernier est bel et bien une entreprise mais ses facteurs clés de succès ne sont pas toujours là où on les imagine. Un club de football est profondément ancré sur son territoire et a une identité unique qu'il faut bien saisir pour renforcer sa culture et sa performance. Les relations humaines et les émotions sont au centre de tout.

À la lecture de ce livre, je souhaite vous transmettre qu'un club de football :

1. ***Est une entreprise comme une autre, avec toutefois de fortes spécificités qu'il convient de bien appréhender.***

2. ***Ne peut réussir que si sa stratégie est alignée avec son histoire et l'identité de son territoire.***

3. ***Évolue dans un domaine où la bonne gestion des émotions et la qualité des rapports humains sont essentielles à la performance.***

Si je réussis à vous transmettre que ***l'important, c'est les trois points*** cités ci-dessus, alors ce livre aura obtenu une très belle victoire !

1

LES PREMIÈRES ANNÉES

TENTER POUR NE RIEN REGRETTER

Le football a toujours été ma passion. À l'instar de beaucoup d'enfants, j'ai rêvé de devenir footballeur professionnel. J'ai même eu l'opportunité de me battre pour mon rêve et de tenter ma chance.

Après être né en France et y avoir vécu jusqu'à mes 11 ans, je partis vivre à Bogota, la capitale de Colombie, en 1994 pour raisons familiales. À la sortie de l'école, pratiquement tous les jours, je me rendais aux entraînements de Millonarios, un club professionnel plusieurs fois champion de Colombie. J'évoluais au poste de gardien de but, et je jouais dans les catégories de jeunes du club.

Après l'obtention de mon baccalauréat scientifique en 2000, j'ai souhaité revenir en France pour chercher à devenir gardien de but professionnel tout en faisant une pause dans mes études. Je sentais qu'il fallait prendre des risques pour mettre toutes les chances de mon côté si je voulais devenir footballeur professionnel. L'équipe de France de football était championne du monde et venait de remporter le Championnat d'Europe. Il me semblait que je pouvais faire une plus belle carrière qu'en Colombie.

Je fis plusieurs essais en juillet et août 2000 qui n'aboutirent pas positivement. Les techniques de gardien de but en France étaient très éloignées de ce que j'avais appris en Colombie. L'exemple le plus marquant était les dégagements de gardien. Lors d'un essai au Stade rennais, l'un des exercices consistait à faire des dégagements en drop, comme en rugby, avec un léger rebond avant de frapper la balle. C'était une technique de dégagement à la mode en France à cette époque. En revanche, en Colombie, cela ne se faisait jamais, car ce n'était pas dans la culture. On peut imaginer le carnage quand, très sérieusement, l'entraîneur des gardiens de but de Rennes me demanda de faire des drops.

J'effectuai un dernier essai au Clermont Foot 63, qui évoluait en National en troisième division française. À l'issue de cet essai, le club me signifia qu'il souhaitait me garder en tant que troisième gardien. J'allais enfin pouvoir tenter ma chance dans un club semi-professionnel à 17 ans. Mais au fur et à mesure de la saison, je me rendis compte que je n'avais pas le niveau requis pour faire une carrière professionnelle dans les plus hautes divisions. Je commençais à me dire que je devrais plutôt préparer la suite et reprendre mes études. Cela se fit naturellement et sans regrets. À la fin de la saison, je mis de côté mon rêve de devenir footballeur professionnel, mais j'étais content d'avoir essayé, car je sais que je l'aurais regretté à jamais si je n'avais pas tenté ma chance.

Je repris le chemin des cours en sachant que mon futur passait par de bonnes études. En parallèle, je devins également entraîneur des gardiens de but puis trésorier bénévole dans un club formateur reconnu d'Île-de-France, le Montrouge FC 92. Des joueurs comme Hatem Ben Arfa, Demba Ba, Marvin Martin ou encore Tiémoué Bakayoko sont passés par ce club qui, malgré des infrastructures plutôt restreintes, travaille très bien, avec des éducateurs de qualité.

PLUSIEURS EXPÉRIENCES PROFESSIONNELLES

Après avoir empoché mon diplôme à l'école de commerce HEC en 2007, je commençai ma carrière chez Lehman Brothers, à Londres. Je travaillais au sein d'une équipe qui avait pour mission d'investir de l'argent dans des entreprises en quête de liquidités. Pour les spécialistes du sujet, j'étais analyste en « *private equity* ». Lorsque je suis arrivé, Lehman Brothers était la quatrième banque d'investissement américaine. Un peu plus d'an plus tard, le 15 septembre 2008, Lehman Brothers faisait faillite. Je ne regrettais pas d'avoir vécu cette expérience. Voir de l'intérieur la chute d'une des plus grandes banques fait prendre conscience que rien n'est éternel. Mais il était temps de vivre une nouvelle aventure.

Une idée me trottait dans la tête depuis plusieurs années, qui permettrait de combiner les chiffres et le football. Pourquoi ne pas créer un fonds d'investissement qui investirait sur des paris sportifs ? En effet, les cotes fixées par les sites de paris sportifs sont issues de calculs de probabilité. Les paris sportifs sont des produits financiers proposés à du grand public et les sites de paris sportifs agissent comme une banque qui propose des produits à des clients.

Sur la base du constat qu'un pari sportif est un produit financier, j'ai estimé qu'il pouvait y avoir un intérêt à développer des modèles mathématiques et des stratégies d'investissement permettant de tirer profit des inefficiences de ce marché. J'avais développé quelques idées et appliqué plusieurs stratégies pendant mon temps libre ces dernières années. J'avais abouti à la conclusion que pour professionnaliser mon approche il fallait convaincre un fonds d'investissement de m'accompagner avec des moyens humains et la possibilité de lever des fonds. C'est ainsi que j'ai contacté Loïc Féry en 2008. Il se lançait dans la création de son fonds d'investissement Chenavari. Il était également diplômé de HEC en 1997 et je savais qu'il était passionné de sport. Je le rencontrai et lui exposai mon idée. Ce ne fut pas très difficile de le convaincre et c'est ainsi que je démarrai ce projet entrepreneurial à Londres.

Mais un peu plus de six mois après avoir lancé le projet, je dus arrêter car je devais rentrer en France pour raisons familiales. Ce retour en France mettait un frein au projet, car il fallait impérativement déployer les stratégies sur des plateformes Internet qui n'étaient pas accessibles en France.

Lors de mon retour en France, je rejoins le Paris Football Club, qui évoluait en National 1 [6], afin de les accompagner dans la professionnalisation du club. Bâtir un deuxième club de première division à Paris, derrière le Paris Saint-Germain, était un projet excitant, mais semé d'embûches, où de nombreux dirigeants avaient échoué. Malgré la difficulté du projet, je décidai de rejoindre le Paris FC. Les mois suivants furent occupés à structurer progressivement le club, avec le soutien de l'actionnaire, quand je reçus un appel de Loïc Féry au mois de juillet 2009. Il m'informa qu'il allait racheter le FC Lorient évoluant en Ligue 1 et souhaitait que je le rejoigne dans cette nouvelle aventure. Ce n'était pas une surprise car je savais que Loïc Féry était intéressé par le rachat du club. Je l'avais mis en relation avec la personne en charge de la vente de Lorient quelques mois auparavant.

L'opportunité de rejoindre un club de Ligue 1 à un poste de direction à 26 ans ne se présente pas tous les jours. J'acceptai donc de rejoindre le FC Lorient. Loïc Féry recruta également un nouveau directeur général, qui serait mon supérieur hiérarchique. J'avais la tâche de superviser les finances du club ainsi

6 Troisième division française.

que la billetterie et la partie administrative du centre de formation. Je devais piloter une équipe d'une dizaine de personnes.

L'évolution du centre d'entraînement était un vrai enjeu au FC Lorient. L'équipe professionnelle s'entraînait sur un seul terrain de qualité moyenne, situé à côté du stade. Les joueurs utilisaient les mêmes vestiaires que ceux du match. De même, les conditions d'accueil et d'entraînement du centre de formation étaient médiocres. Les jeunes étaient logés dans une auberge de jeunesse vieillotte. Pour aller s'entraîner, il fallait prendre des navettes et se changer dans des constructions modulaires en mauvais état. Les terrains d'entraînement n'étaient pas de qualité également. Ces conditions de travail ne favorisaient pas la performance sportive.

Il fallait trouver le lieu, dans l'agglomération de Lorient, susceptible d'accueillir le futur siège. Il y avait plusieurs options dans différentes communes du territoire. Finalement, le choix se porta sur un terrain de la ville de Ploemeur, situé à 10 minutes en voiture de Lorient et à 500 mètres de la mer.

Je me projetais sur la durée, mais progressivement la relation du directeur général avec plusieurs salariés du club, dont moi, se dégrada après un peu plus d'an passé au club. Loïc Féry ne semblait pas se satisfaire de la situation. Il essaya d'arranger les choses et de faire en sorte que nous puissions continuer l'aventure ensemble, mais cela ne fut pas possible. Mon histoire avec le FC Lorient restait inachevée, car il y avait encore beaucoup de choses à faire mais les conditions n'étaient plus réunies pour mettre cela en œuvre.

Suite à cette expérience, je rejoignis en 2011 le cabinet de conseil en stratégie McKinsey. J'avais envie de repartir sur un projet stable dans lequel j'avais un cadre de travail établi et de fortes opportunités de développement. Chez McKinsey, il y a des principes de fonctionnement qui sont très fortement ancrés. J'aimerais partager l'un d'entre eux que je trouve très utile.

Il s'agit de l'« *obligation to dissent* », qui en français veut dire « obligation d'exprimer son désaccord ». Lorsque l'on démarre dans le cabinet de conseil et que l'on se retrouve dans une salle avec un directeur de McKinsey qui a plus de trente ans d'expérience et un PDG d'une grande société, eh bien on ne fait pas le malin. On peut ne pas se sentir légitime et on a tendance à se taire. C'est une erreur. Quel que soit le niveau de hiérarchie, nous étions encouragés à exprimer notre opinion. Le postulat de départ était que nous avions des choses pertinentes à dire. Sinon, nous n'aurions pas été recrutés. Cette bonne pratique ne devrait pas être réservée aux métiers du conseil. Souvent, nous sommes dans des situations où nous ne nous sentons pas légitimes pour exprimer notre opinion. Nous anticipons que notre avis ne va pas être entendu ou qu'il va être mal pris. C'est parfois une manière de nous déresponsabiliser, de moins réfléchir et de laisser le plus expérimenté imposer son point de vue aux autres et prendre les décisions. Positionner l'obligation d'exprimer son désaccord comme un élément important de la culture d'entreprise a de nombreux impacts sur les attitudes de chacun et tire l'organisation vers le haut. Elle oblige à se responsabiliser, à bien maîtriser son sujet et à se tenir prêt à s'exprimer à n'importe quel instant. L'intelligence collective prend ainsi le dessus. Il y a bien différents niveaux de séniorité mais la culture d'entreprise encourage chacun, quelles que soient sa position et son ancienneté, à donner de façon indépendante son opinion. Ce principe est bien illustré dans le livre de James Surowiecki, *La Sagesse des foules*[7].

7 *The Wisdom of Crowds*, James Surowiecki, 2004.

LE RETOUR AU FC LORIENT

En 2015, Loïc Féry et moi-même avons repris contact. Il y avait eu pas mal de mouvements au club depuis 2011. Plusieurs directeurs généraux s'étaient succédé, mais surtout il y avait eu le départ de Christian Gourcuff, l'entraîneur emblématique du club, qui n'avait pas souhaité prolonger à l'issue de la saison 2013-2014. C'est son entraîneur-adjoint, Sylvain Ripoll, qui avait pris le relais. Il existait une opportunité pour que je revienne au FC Lorient. Il fallait définir dans quel rôle et il fallait que je sois en relation directe avec Loïc Féry. Après réflexion, je décidai de revenir au club et de quitter McKinsey.

Mes expériences de management durant mes années chez McKinsey furent très utiles et me servent au quotidien. Pendant quatre ans, j'aurais participé à une quinzaine de missions dans de nombreux pays sur des problématiques diverses. McKinsey est un véritable temple de bonnes pratiques.

J'imaginais bien que ce qui m'attendait lors de mon retour au FC Lorient allait être dans la continuité de mes expériences passées. À savoir de l'incertitude, des moments de bonheur et aussi des difficultés. J'étais déterminé à montrer qu'un club de football géré comme une entreprise saine créerait les fondations de la performance sportive. Tout en n'oubliant jamais ce qu'est le football : un jeu, un plaisir, des émotions.

2

LES SPÉCIFICITÉS D'UN CLUB DE FOOTBALL

LA TAILLE, C'EST IMPORTANT

Je revenais en tant que directeur général avec sous ma responsabilité le pôle administratif, financier et commercial du club. Je serais en binôme avec Alex Hayes, vice-président du club, qui chapeauterait le pôle sportif[8]. Alex Hayes était un ancien agent de joueur qui avait sympathisé avec Loïc Féry. Il était arrivé au club en mars 2015. De mon côté, le temps de finaliser ma dernière mission avec McKinsey, mon retour fut programmé pour fin août 2015.

Le FC Lorient achevait sa neuvième saison consécutive en Ligue 1 et allait entamer la dixième. Un miracle permanent pour un club basé dans une ville de cette taille.

Douze des vingt clubs évoluant en Ligue 1 lors de la saison 2014-2015 étaient situés dans le top vingt des plus grandes villes de France. Ces chiffres ont continué à progresser les années suivantes avec quinze clubs sur vingt[9] lors de la saison 2020-2021. Les clubs localisés sur de grands territoires ont une probabilité plus forte de jouer en Ligue 1. Ces clubs sont en mesure de générer plus de revenus, car ils s'appuient sur des bassins de population plus grands et plus riches. Il y a plus d'entreprises et les collectivités ont des capacités d'investissement élevées. Toutes les sources de revenus sont impactées positivement :

- Les stades sont bien souvent financés par les collectivités en France[10]. Les grandes villes peuvent accompagner

8 À la fin du livre, vous trouverez un exemple d'organigramme de club de football avec le détail du pôle administratif et du pôle sportif.

9 Paris, Marseille, Lyon, Nice, Nantes, Montpellier, Strasbourg, Bordeaux, Lille, Rennes, Reims, Saint-Étienne, Dijon, Angers et Nîmes.

10 Ce qui n'est pas nécessairement une bonne pratique, nous y reviendrons dans le chapitre 13, « Un stade optimisé ».

plus facilement les projets de construction et de rénovation de stade.

- La taille et la richesse d'un grand territoire permettent au club résident d'avoir un potentiel de spectateurs important et de pratiquer des tarifs de billetterie à destination des entreprises supérieurs à ceux des petits territoires. La qualité de l'infrastructure peut aussi justifier un premium sur les prix pratiqués.

- Le sponsoring est supérieur dans les grandes villes, car celles-ci sont le siège d'un nombre de sociétés plus important et avec des moyens financiers élevés.

- La répartition des droits TV en Ligue 1 favorise les plus grands clubs, stables dans la division. Par exemple, les droits TV de notoriété se calculent sur le nombre de diffusions en cumulé sur les cinq dernières années en Ligue 1. Le troisième du classement notoriété, l'Olympique lyonnais, a touché 14,5 millions d'euros en 2015. Le quatorzième dans ce classement, l'Évian Thonon Gaillard, a reçu 2 millions d'euros. Une sacrée différence, quasiment indépendante des résultats sportifs de la saison.

Les clubs évoluant sur les plus grands territoires ont donc les budgets les plus importants du championnat. Il existe une très forte corrélation entre le budget d'un club et son classement sportif. Le classement budgétaire d'un club dans sa division donne une bonne indication de son classement sportif à l'issue du championnat. Le coefficient de corrélation [11] est très élevé et atteint 0,85 environ, comme le montre l'analyse suivante effectuée sur les clubs de Ligue 1 lors de la saison 2017-2018.

11 Appelé en statistiques le facteur R^2.

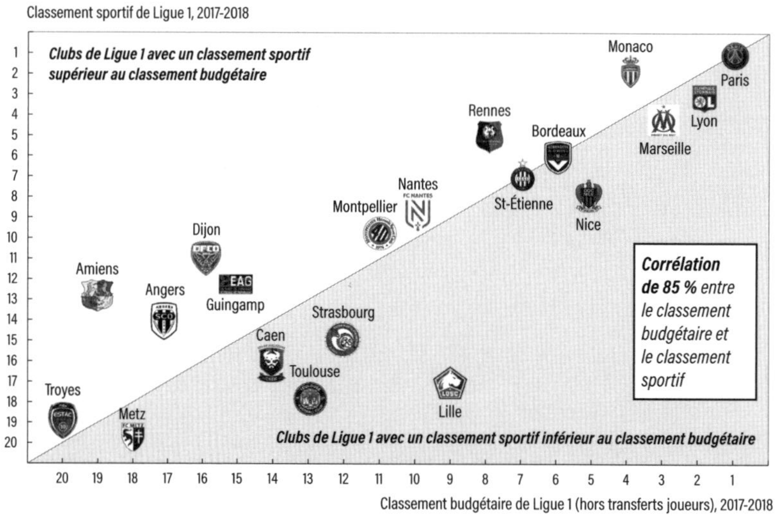

Source : DNCG, LFP.

Chaque année nous retrouvons ce même niveau de corrélation. Cela se vérifie également pour les autres championnats européens.

En synthèse, dans le football, la taille, c'est important. En 2015, seuls dix clubs étaient présents en Ligue 1 de façon consécutive sur les dix dernières années. Sur ces dix clubs, neuf étaient basés dans les treize plus grandes villes de France. La seule exception : le FC Lorient, situé dans la 95e ville de France.

UN PLAN STRATÉGIQUE, SANS NÉGLIGER LA FORME

Je réfléchissais à la façon d'appréhender mon retour au FC Lorient. Le club avait changé depuis 2011. De nouveaux salariés étaient arrivés et toutes les composantes du club étaient maintenant basées à Kerlir, dans la ville de Ploemeur, au nouveau siège.

On évoque souvent l'importance des cent premiers jours pour une entrée en fonction dans un poste de direction. Il est vrai que la prise de poste est un moment important. Je ne dirais pas que c'est à cette période que l'on fait nécessairement la différence, mais si l'on s'y prend mal, on peut se coller une étiquette difficile à s'ôter par la suite.

Lorsque l'on arrive à la direction d'une société, c'est avec de bonnes intentions et la volonté d'avoir vite de l'impact. Le risque est de venir avec des idées préconçues, de manquer d'écoute et de vouloir aller trop vite sans faire participer suffisamment les équipes. Mais il ne faut pas oublier qu'une transition réussie est celle aussi où l'on fait des choix forts sans trop tarder.

En arrivant à Lorient, j'avais l'avantage, et l'inconvénient, de connaître beaucoup de salariés et certaines pratiques internes. C'était un avantage, car cela devait me permettre d'accélérer ma prise de fonctions. Mais également un risque, car je pouvais avoir des idées préconçues sur ce qu'il fallait faire et sur la compétence de certaines personnes. De plus, venant de chez McKinsey à Paris pour arriver dans une PME en province, il pouvait y avoir un choc des cultures.

Je structurai mon approche en deux phases. La première était de faire un état des lieux de la situation du club. Je réalisai un entretien avec chaque salarié administratif. Ensuite, je diffusai en interne un questionnaire afin d'évaluer la santé organisationnelle du club. Je voulais obtenir de façon anonyme l'avis des salariés sur les pratiques managériales du club. Je clôturai cette première phase d'un mois en faisant une restitution de l'état des lieux à l'ensemble des salariés sous la forme d'une présentation.

La deuxième phase consistait, sur la base de l'état des lieux, à définir et formaliser la stratégie du club avec une liste d'initiatives priorisées pour chacun des départements : le sponsoring, la billetterie, les opérations, la communication, la finance, etc. Chaque manager de département devait préparer son propre plan stratégique. Je les accompagnais en leur donnant un modèle à remplir. Il fallait compléter un état des lieux sur leur département, leur vision, des initiatives, la priorisation de ces initiatives et un calendrier de déploiement. Ensuite, je faisais des réunions avec chaque département pour affiner leur plan. Après avoir réalisé cet exercice, je réunis l'ensemble des salariés administratifs afin que chaque manager présente son plan stratégique aux autres départements. Cet exercice d'appropriation me semblait indispensable pour maximiser les chances de réussite de la mise en action de la stratégie. Mais pour prendre de la hauteur, il fallait faire une synthèse des initiatives par département et définir la vision globale de l'entreprise et les piliers de sa stratégie. Cet exercice de structuration et de synthèse m'appartenait et je présentais deux mois après le démarrage de la deuxième phase, fin novembre 2015, le plan Lorient Express 2020 à l'ensemble des salariés.

L'exercice de fond était celui qui convenait au FC Lorient. Les clubs de football ont souvent tendance à être gérés à l'horizon d'un an en restant focalisés sur l'atteinte des résultats du week-end et de la saison. Un club de football est une entreprise. Et une entreprise ne navigue pas à vue, mais doit avoir un cap sur plusieurs années. Seule la mise en place d'une stratégie, de plans d'action et de processus internes permettrait de challenger nos concurrents basés dans les plus grandes villes de France.

Sur la forme, ma méthode était forte. Un ancien consultant de 32 ans venant de Paris imposait un exercice stratégique avec un PowerPoint à compléter, des questionnaires à remplir et des séminaires à animer. Pour les équipes administratives d'un club plutôt habituées à gérer le quotidien et à être très opérationnelles, c'était un changement radical de fonctionnement. J'avais conscience avant de revenir à Lorient que la forme serait importante, mais pas à un tel point.

En résumé, le fond est essentiel pour déployer une transformation. Mais la forme est ce qui permet de mobiliser les équipes. Seul, on ne réussit rien. Un dirigeant, aussi compétent soit-il, risque de s'épuiser s'il ne provoque pas d'enthousiasme et d'engagement en interne.

J'étais également en alerte face aux spécificités de ce secteur. Je savais que ces spécificités créaient les conditions du désordre dans la gouvernance d'un club de football. Comme dans toute entreprise, le niveau d'une gouvernance, son unité, son organisation, rejaillit et ruisselle dans les prises de décisions et la culture interne. Des tentations inhérentes au secteur du football pouvaient engendrer des comportements impactant négativement la performance. Une bonne gouvernance est précieuse, il faut la protéger.

LA GOUVERNANCE D'UN CLUB, FRAGILE MAIS PRÉCIEUSE

Le chat dans un costume de lion

Le football est le sport le plus populaire du monde avec plus de 4 milliards de fans[12] et 270 millions de pratiquants en 2020. Le football a un impact médiatique sans commune mesure avec la taille des entreprises qui le constituent. Le Paris Saint-Germain a généré en 2019 un peu plus de 730 millions d'euros de chiffre d'affaires, transferts inclus. En comparant le nombre d'abonnés sur Facebook d'un groupe du CAC 40 comme L'Oréal, on constate que le Paris Saint-Germain fait mieux avec 45 millions d'abonnés contre 35 millions pour L'Oréal. Leurs chiffres d'affaires sont incomparables car L'Oréal génère 30 milliards d'euros de chiffre d'affaires en 2019, mais la puissance médiatique l'est. Ci-dessous, un tableau comparant le chiffre d'affaires et le nombre d'abonnés Facebook de plusieurs groupes, ou filiales de groupe, du CAC 40 par rapport à des clubs de Ligue 1.

Entreprise	Chiffre d'affaires 2019	Nombre d'abonnés Facebook sept. 2021
Paris Saint-Germain	730 millions d'euros	45 000 000
L'Oréal	30 milliards d'euros	35 000 000
Louis Vuitton	5,5 milliards d'euros	24 000 000
Renault	55 milliards d'euros	18 000 000
Olympique de Marseille	150 millions d'euros	6 100 000
Olympique lyonnais	310 millions d'euros	4 100 000
Hermès	6,9 milliards d'euros	3 400 000
Société Générale	24,7 milliards d'euros	953 000
AS Saint-Étienne	90 millions d'euros	850 000

12 https://sportytell.com/sports/most-popular-sports-world/, février 2021.

Très souvent dans un club, il y a des sollicitations de la presse locale ou nationale pour des demandes d'interviews de joueurs. L'entraîneur a sa conférence de presse d'avant-match puis d'après-match. Des articles sont réalisés sur le fonctionnement du club, ses résultats, le parcours d'un sportif voire d'un dirigeant. Évoluer dans un club de football et sa médiatisation associée présente le risque de développer fortement son ego. Peu de présidents ou dirigeants de sociétés de taille d'une dizaine de millions d'euros peuvent avoir une telle notoriété au niveau local ou national. Le football est un bon investissement si l'on considère la notoriété qu'il génère.

Cette spécificité devient dangereuse lorsque l'on se laisse griser par la médiatisation du secteur et que l'on oublie que c'est le costume qui génère la notoriété et non les emplois ou la richesse générés qui en sont la cause.

Quelques dirigeants, abusés par leur notoriété grandissante, ayant l'illusion de tout maîtriser dans un club de football, peuvent manquer de discernement et adopter des modes de fonctionnement qui ne favorisent pas la construction d'un club performant. Leur écoute diminue et des décisions sont prises de façon unilatérale, sans véritable analyse et sans s'appuyer sur les équipes qui pilotent le quotidien. Une notoriété mal maîtrisée conduit souvent à des luttes d'egos et à une mauvaise gouvernance.

Il est vrai que ce sport donne l'illusion d'être bien plus important que l'on est réellement. Quand vous vous rendez à un dîner, il suffit d'un ou deux passionnés autour de la table pour que le football mobilise la discussion. Il est gratifiant pour un dirigeant de voir son club réussir. Cela se traduit par des stades pleins, du bonheur sur le territoire. Contribuer à rendre des gens heureux est un sentiment enivrant que peu de métiers peuvent proposer de façon aussi concrète. Plus qu'une sensation de pouvoir ou d'importance, le sentiment qui devrait prédominer est celui d'une grande responsabilité. La responsabilité de mener à bon port un club, de donner de la fierté à un territoire et de rendre heureux les gens. Cette attitude aide à garder l'humilité nécessaire et à se rappeler qu'un dirigeant de club reste un chat dans un costume de lion.

Le chef d'orchestre et ses musiciens

L'image du chef d'orchestre s'adapte bien au travail d'un dirigeant d'entreprise. Définir quelle musique jouer, pour ensuite choisir les instruments et recruter les musiciens qui conviennent. Mettre tout cela en musique en améliorant l'harmonie entre les musiciens, qu'il s'agisse du rythme, de la tonalité, des accords.

Il est de la responsabilité du chef d'orchestre d'échanger avec ses musiciens et de les diriger afin que leur jeu au sein de l'orchestre s'améliore. Il suffit qu'un musicien joue faux pour que le travail de tout l'orchestre soit impacté. Le chef d'orchestre ne sait probablement pas jouer de tous les instruments. Il est encore moins probable qu'il sache mieux jouer de l'instrument que chacun de ses musiciens. Mais cela ne l'empêche pas d'être légitime pour échanger avec ses musiciens sur leur façon de jouer.

L'attitude d'un dirigeant de club de football et des responsables sportifs a des particularités bien spécifiques par rapport à des entreprises plus classiques. Pour reprendre mon analogie musicale, deux types de comportements se produisant fréquemment s'opposent et sont contre-productifs.

Le premier comportement est celui des musiciens qui n'acceptent pas les réflexions du chef d'orchestre et qui ne l'estiment pas légitime pour en faire. C'est ce qui peut arriver lorsqu'un dirigeant émet un avis sur les questions sportives, qu'il s'agisse de recrutements ou du management de l'équipe professionnelle. Les responsables sportifs pensent régulièrement qu'un dirigeant qui n'a pas été footballeur professionnel a peu de légitimité pour faire des commentaires dans ce domaine et ils perçoivent ses avis comme une intrusion dans leurs prérogatives.

Le deuxième comportement est celui du chef d'orchestre qui imagine à un certain moment qu'il peut mieux jouer du violon que le violoniste et que cela ne l'empêchera pas de guider son orchestre en même temps. L'apparente simplicité du football favorise l'émergence de tels comportements. Au sein même des clubs, des dirigeants peuvent être amenés à croire qu'ils feraient mieux que les responsables sportifs. Ces comportements s'avèrent néfastes dans le management d'organisations sportives. Ce serait le cas d'un dirigeant qui recruterait un joueur sans demander l'avis des responsables sportifs. Ou d'un dirigeant exprimant son opinion sans filtre sur la meilleure composition de l'équipe et la performance des joueurs. Dans une entreprise classique, c'est comme si un dirigeant critiquait ses équipes en externe ou prenait des décisions à leur place.

Ces deux types de comportements, aussi bien dans un orchestre que dans une entreprise, seraient critiqués et corrigés assez rapidement. Mais la nature du football crée les conditions de l'émergence de ces comportements et de leur quasi-normalité.

Le poisson pourrit toujours par la tête

Si vous faites partie d'une équipe de direction performante d'entreprise, il est peu probable que de nombreux articles sortent pour célébrer vos succès. La reconnaissance d'une bonne performance s'effectue en interne avec des commentaires élogieux d'un responsable hiérarchique, une augmentation salariale ou de nouvelles responsabilités.

Dans le football, les dirigeants de club, que ce soit un président, un directeur sportif ou un directeur général, scrutent les réseaux sociaux, les journaux et les articles sur le club et eux-mêmes. Un dirigeant bénéficiant d'une bonne couverture médiatique peut susciter de la jalousie au sein du club si un autre dirigeant, se sentant plus légitime, est moins bien mis en lumière.

L'impact médiatique génère régulièrement des crises de gouvernance et une guerre des egos. L'argent circulant dans le secteur lors des transferts et à travers la rémunération importante des joueurs professionnels y contribue également. Des dirigeants peuvent considérer qu'ils sont tout aussi légitimes pour récupérer une partie de cet argent. Ces tentations médiatiques et économiques favorisent l'instabilité et peuvent mener à la rupture d'une équipe de direction.

Les crises de gouvernance se situent aussi au niveau actionnarial. Cela n'est pas propre au football, mais ce secteur amplifie ce type de crise. Des actionnaires se comportant comme des supporters ou une gouvernance exécutive soumise aux tentations du secteur sont souvent les causes de l'échec d'un projet sportif.

De mauvaises fondations favoriseront les dérives lorsqu'il faudra faire face à des moments difficiles. Ces dérives de comportement s'étendront à tous les niveaux de l'organisation. Une crise de gouvernance crée des brèches dans la culture de club et dans l'engagement de ses membres. Et si les résultats ne suivent pas, ces brèches deviennent des failles béantes. La qualité et l'unité de la gouvernance font bien souvent la différence dans la performance de clubs de taille similaire. Un proverbe chinois dit : « Le poisson pourrit toujours par la tête. » Dans le football, rien n›est plus vrai que cette affirmation.

LA SANTÉ AVANT LA PERFORMANCE

À Lorient, lors de la saison 2015-2016, les résultats sportifs étaient satisfaisants. Le club se dirigeait vers un maintien tranquille en Ligue 1. C'était chose faite début avril 2016, après une victoire à l'extérieur contre Caen, deux buts à un. Les Merlus [13] faisaient également une bonne campagne en Coupe de France et se retrouvaient à recevoir le Paris Saint-Germain pour une place en finale. En termes de performance, les voyants étaient au vert. Le club était en lice pour potentiellement réaliser la meilleure saison sportive de son histoire.

La performance économique s'améliorait également. Le club sortait de deux exercices comptables négatifs en 2013-2014 et 2014-2015. En 2015-2016, le résultat net s'était redressé et était légèrement supérieur à 4 millions d'euros. La sixième meilleure performance du football français [14].

C'était le calme avant la tempête. Le club était en lice pour réaliser la meilleure saison de son histoire, mais il y avait quelques signes d'essoufflement.

Le départ de Christian Gourcuff avait provoqué une diminution du lien entre le club et son territoire et une baisse de l'affluence moyenne au stade de 10 % par an [15] depuis la fin de la saison 2013-2014. Le FC Lorient était d'une certaine façon le FC Gourcuff. Ce dernier avait rejoint le club pour la première fois en 1982 en tant qu'entraîneur-joueur alors que le FCL évoluait dans le football amateur. Progressivement, Christian Gourcuff, ancien professeur de mathématiques, avait apporté une

13 Surnom du FC Lorient. En 1926, le club fut créé par une mareyeuse du port de pêche, Caroline Cuissard.
14 https://www.lfp.fr/DNCG/rapports, février 2021.
15 https://www.transfermarkt.fr/fc-lorient/besucherzahlenentwicklung/verein/1158, février 2021.

approche analytique et une philosophie de jeu avec le fameux 4-4-2 qui caractérisait le FC Lorient. C'était l'un des premiers entraîneurs à utiliser un ordinateur pour réaliser ses séances et les répertorier. Cela peut prêter à sourire aujourd'hui, car c'est devenu la norme, mais à l'époque c'était novateur. Après un départ du club en 1986 puis un retour en 1991, Christian Gourcuff amena le FC Lorient pour la première fois de son histoire à la division 1, à l'issue de la saison 1997-1998. Le club redescendit immédiatement, mais réussit à remonter à l'issue de la saison 2000-2001. Après cette deuxième remontée, Christian Gourcuff quitta le FC Lorient. Les Merlus n'arrivèrent pas à se stabiliser en Ligue 1 et redescendirent à nouveau, mais gagnèrent la Coupe de France. Christian Gourcuff rejoignit à nouveau les Merlus en 2003 en division 2. Pour la troisième fois, il arriva à les faire remonter en Ligue 1, à l'issue de la saison 2005-2006. Jusqu'à son départ en juin 2013, il a maintenu le club en Ligue 1 durant sept saisons et a développé une identité de jeu reconnue en France.

Un des objectifs du plan stratégique était d'améliorer le fonctionnement de l'entreprise. Les résultats du premier questionnaire de santé organisationnelle de 2015 montraient que celle-ci n'était pas bonne. Le FC Lorient se situait parmi les 25 % des entreprises les bien moins notées. Le questionnaire de 2016 indiquait des signes d'amélioration mais il fallait du temps pour que cela se traduise en performance. De plus, son efficacité se concentrait principalement sur les activités administratives dont j'étais responsable.

Le FC Lorient perdit un à zéro la demi-finale de Coupe de France contre le Paris Saint-Germain puis enchaîna sur trois défaites en championnat avant de conclure sur une victoire la saison 2015-2016. Le club finit à une honorable quinzième place de Ligue 1, mais elle avait un goût amer, car l'équipe s'était située autour de la dixième place durant toute la saison.

La saison 2016-2017 démarra bien mal avec huit défaites lors des dix premiers matchs de Ligue 1. La défaite 1-0 à Dijon dans les dernières minutes lors de la dixième journée de Ligue 1 coûta son poste à Sylvain Ripoll qui fut démis de ses fonctions et remplacé quelques semaines plus tard par Bernard Casoni. La performance sportive déclinait.

3

L'ÉLOGE DE LA STABILITÉ DE L'ENTRAÎNEUR

CHANGER, UN REMÈDE PLACEBO QUI COÛTE CHER

Il n'était pas dans les habitudes du FC Lorient de se séparer de son entraîneur en cours de saison. La dernière fois que cela avait eu lieu était en décembre 2001 avec le départ d'Angel Marcos [16]. La stabilité de l'entraîneur était l'une des particularités du club.

Le métier d'entraîneur est extrêmement précaire. Le rapport CIES de juin 2020 indique qu'en moyenne, sur la période 2015-2019, un entraîneur dirige 41 matchs avant de se faire licencier [17]. Cela correspond pour les championnats du Big Five [18] à une durée en poste comprise entre un an et un an et demi. Lorsque l'on entend que le secteur du football est instable, ceci en est un parfait exemple.

En 2011, l'économiste hollandais Bas ter Weel publia une étude sur l'impact d'un changement d'entraîneur en cours de saison dans la performance d'une équipe [19]. Bas ter Weel réalisa cette étude sur le championnat des Pays-Bas entre 1986 et 2004. Il identifia des périodes de baisse de performance de cinq matchs consécutifs et observa le comportement des clubs. Quatre-vingt-une équipes se séparèrent de leur entraîneur tandis que deux cent douze optèrent pour la stabilité. Il ressort de cette étude que les clubs changeant d'entraîneur n'obtiennent pas de meilleurs résultats que ceux qui optent pour la stabilité, comme le montre le graphique suivant.

16 https://www.transfermarkt.fr/fc-lorient/mitarbeiterhistorie/verein/1158, février 2021.
17 https://football-observatory.com/IMG/sites/b5wp/2019/wp297/fr/, février 2021.
18 Les championnats d'Angleterre, d'Italie, d'Espagne, d'Allemagne et de France.
19 https://link.springer.com/article/10.1007/s10645-010-9157-y, février 2021.

**Performance d'une équipe dans une saison avec et sans changement d'entraîneur
Championnat hollandais Eredivisie 1986 à 2004**

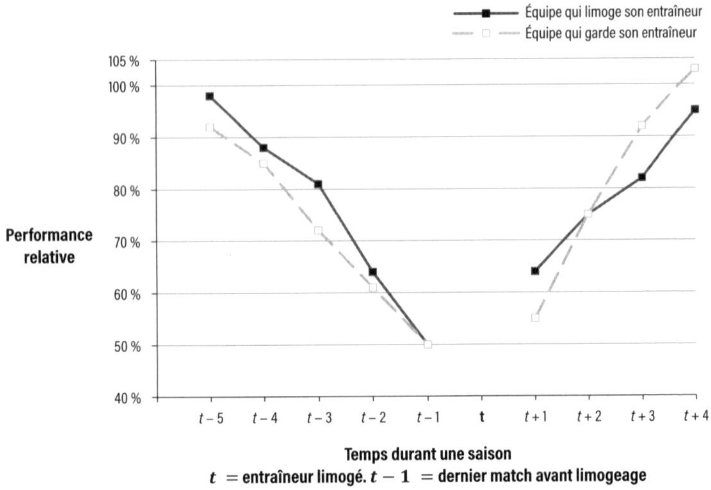

Source : Bas ter Weel, *Does Manager Turnover Improve Firm Performance ? Report.*

Bas ter Weel explique son étude par la loi statistique de régression vers la moyenne. Cette loi signifie qu'il existe une forte probabilité qu'une performance extrême comme une série de défaites ou de victoires ait tendance à revenir vers la moyenne. C'est ce que montre ce graphique. Après une série de cinq matchs de baisse du nombre moyen de points par match s'ensuit une amélioration pour revenir au niveau initial. Bas ter Weel aboutit à la même conclusion lorsqu'il réalisa également cette étude pour la saison 2000-2001 sur les championnats de football anglais, allemand, italien et espagnol. Cette loi de régression vers la moyenne peut provoquer un biais cognitif si elle nous fait prendre des variations pour des tendances. Et potentiellement de très mauvaises décisions.

Cette étude ne signifie pas qu'il ne faut jamais se séparer de son entraîneur. Néanmoins, ce graphique montre qu'une mauvaise série sportive est généralement statistiquement « extraordinaire ». Le choix de se séparer de son coach est bien souvent un placebo plutôt qu'un médicament efficace. Et un placebo extrêmement cher.

DIFFICILE D'ARRIVER À BON PORT EN NAVIGUANT À VUE

Selon une étude sortie par Korn Ferry en 2017, la durée moyenne d'un dirigeant dans une entreprise est de 5,3 ans sur plus de 1 000 sociétés américaines [20].

Il y a de quoi être interpellé si l'on compare cela avec la durée en poste moyenne inférieure à un an et demi pour les entraîneurs dans le football. Comment est-il possible d'élaborer une vision d'entreprise si la personne placée à un poste hautement stratégique change tous les 18 mois ? Imaginez changer de dirigeant au plein milieu du déploiement d'une nouvelle stratégie qu'il a mise en place. Tout conseil d'administration procédant de la sorte serait fortement contesté par ses actionnaires et, si la société était cotée en bourse, le cours de son action serait probablement très chahuté.

Mais alors pourquoi change-t-on aussi souvent d'entraîneur dans le football ? Les émotions suscitées par le football ainsi que de mauvais comportements managériaux sont le terreau de cette instabilité.

20 https://www.kornferry.com/content/dam/kornferry/docs/article-migration/Tenure-Comparisons-of-C-Suite-roles.pdf, février 2021.

LE FOOTBALL, UNE ÎLE DE LA TENTATION

Il existe plusieurs graines qui progressivement ensemencent un terreau fertile menant au licenciement d'un entraîneur.

La première mauvaise graine se résume en un mot, le *doute*. Le football est idéal pour instaurer le doute, car mis à part les résultats sportifs, il existe peu d'indicateurs facilement identifiables pour mesurer la performance de l'entraîneur. À Lorient, avant même que la saison 2016-2017 ne démarre, j'avais ressenti l'ombre d'un doute. Cela pouvait être quelques mots, l'expression corporelle d'un membre du staff[21] ou de la direction sportive, un mercato laissant apparaître des divergences sur l'effectif souhaité par le coach et celui mis à disposition par le club. Ce doute, si je le sentais, vous pouvez être sûr que les joueurs le ressentaient bien plus encore. Le sportif de haut niveau est très sensible et ressent les failles dans une organisation.

Lorsque le doute s'installe et que les joueurs sentent que l'entraîneur est moins soutenu par sa direction, c'est souvent le début de la fin. Des joueurs qui ont peu de temps de jeu savent que si l'entraîneur est fragile, il y a une bonne probabilité de changement et ils espèrent gagner en temps de jeu. L'esprit de groupe se trouve ébranlé et l'équilibre du groupe de joueurs fragilisé.

Lors de la deuxième étape, *les résultats immédiats deviennent le juge de paix* de la confiance accordée à l'entraîneur. Si l'équipe gagne, la pression se relâche. Par contre, en cas de nouvelle défaite, la pression augmente. Les langues se délient plus facilement, les faciès ne trompent pas. Les choix de l'entraîneur

21 Le staff correspond aux personnes travaillant sous l'entraîneur de l'effectif professionnel. On y retrouve généralement des adjoints, un préparateur physique, un entraîneur de gardiens.

sont questionnés soit dans son dos, soit en direct pour les plus courageux. Lors de cette étape, le club essaye de comprendre pourquoi les résultats ne suivent pas et certaines directions de club commencent à interroger directement les joueurs sur les raisons des contre-performances, voire à leur demander ce qu'ils pensent de l'entraîneur.

La troisième étape, c'est quand *l'entraîneur commence à perdre confiance.* Il perd confiance en sa direction, il perd confiance en son groupe et finalement il commence à douter de ses capacités à redresser les résultats du club. L'entraîneur peut être amené, par exemple, à se focaliser sur les faiblesses de son effectif. Il sera susceptible de créer de l'instabilité en modifiant régulièrement ses compositions d'équipe et son système de jeu. Son groupe de joueurs ressentira cette perte de confiance et cela se répercutera sur leur propre confiance. C'est généralement la fin de l'histoire, même si quelques jours avant le limogeage de l'entraîneur on entend souvent la direction affirmer dans la presse qu'elle a toute confiance en la capacité de l'entraîneur à redresser la situation.

Ces étapes ne s'appliquent pas à toutes les situations et pas nécessairement dans cet ordre. Mais elles illustrent les mécanismes qui peuvent se produire lorsque s'enclenche le questionnement autour du maintien ou non de l'entraîneur.

Lors du premier match de championnat de Ligue 1 en 2016-2017, nous nous déplacions à Caen. Pendant l'intersaison, il n'y avait eu aucune victoire lors des six matchs de préparation, ce qui avait généré un peu de tension. Il n'existe pourtant aucune corrélation entre les résultats de matchs amicaux et la réalité d'un championnat[22].

22 Par exemple, l'En avant Guingamp remporta quatre de ses cinq matchs amicaux d'avant-saison 2018-2019. Cela n'empêcha pas le club de finir dernier de Ligue 1 à l'issue de la saison.

Au bout de 20 minutes de jeu à Caen, nous menions 2-0 et avions eu plusieurs opportunités d'inscrire un troisième but. Malheureusement, un de nos défenseurs recevait un carton rouge et s'ensuivirent deux buts avant la mi-temps qui permit à Caen de revenir à deux partout. Après avoir bien tenu en seconde période à dix contre onze, les Merlus étaient punis à la 87e minute et s'inclinaient donc trois buts à deux.

Nous n'étions qu'à la première journée de championnat sur trente-huit, soit à peine 2,6 % du championnat écoulé. Nous avions réalisé un bon match à l'extérieur et avions été pénalisés sur des faits de jeu comme il en arrive constamment dans le football. Mais malgré des éléments porteurs d'espoir, l'atmosphère était lourde.

Chaque match suivant fut une souffrance. Et je le dis en tant que directeur général. Je n'ose même pas imaginer comment un entraîneur doit se sentir dans ces moments, quand il doit faire front et diffuser de la force et de la confiance tout en sentant autour de lui des questionnements sur sa performance. Cette force doit rejaillir non seulement sur les joueurs, mais également sur l'environnement extérieur, en particulier lors de la conférence de presse d'après-match.

Le lendemain de la défaite contre Dijon, le 23 octobre 2016, Sylvain Ripoll fut relevé de ses fonctions [23]. C'était une triste nouvelle et je sais que Loïc Féry n'a eu aucun plaisir à prendre cette décision. Il a d'ailleurs récemment dit qu'à le refaire, il opterait probablement pour un choix différent [24].

Dans le football, quand un entraîneur part, il est bien rare qu'il forme son successeur. C'est un nouveau cycle qui redémarre et

23 https://www.lequipe.fr/Football/Article/Sylvain-ripoll-fin-de-partie/739913, février 2021.

24 https://fclweb.fr/debut-de-saison-et-dix-ans-au-fc-lorient-entretien-avec-loic-fery/, février 2021.

bien souvent un club ne sait pas précisément qui va remplacer son entraîneur lors du départ. Se présente une page blanche pour les dirigeants qui entament une course contre la montre pour trouver la personne adéquate afin de redresser les résultats si le changement a lieu en cours de saison. Il est très difficile pour des dirigeants de lancer un processus de recrutement avant de se séparer de leur entraîneur en cours de saison car les faits et gestes des clubs sont scrutés de l'extérieur et par les médias, et des fuites seraient inévitables. Véridiques ou pas, ces fuites contribuent largement à fragiliser un entraîneur qui découvre, ainsi que les joueurs, dans la presse que la direction a commencé à sonder des entraîneurs.

Lorsque Sylvain Ripoll quitta le club, son entraîneur-adjoint, Franck Haise, prit en charge l'équipe par intérim. Plusieurs noms circulaient pour devenir entraîneur au FC Lorient mais la recherche n'aboutissait pas[25]. Avec 6 points en dix matchs, le FC Lorient n'avait pas les probabilités en sa faveur. Mais le club n'était qu'à 4 points du premier non-relégable, ce qui n'était pas un écart insurmontable.

Début novembre 2018, Loïc Féry nomma Bernard Casoni en tant que nouvel entraîneur du FC Lorient[26]. Bernard Casoni était un ancien défenseur central qui était devenu champion d'Europe avec l'Olympique de Marseille en 1993. En tant qu'entraîneur, il avait fait plusieurs clubs. Mis à part une partie de saison à l'Olympique de Marseille en 1999-2000, il avait effectué la majorité de sa carrière d'entraîneur dans des clubs de seconde ou troisième division. Il avait d'ailleurs fait monter l'Évian Thonon Gaillard en Ligue 1 à l'issue de la saison 2010-2011. Avant de rejoindre le FC Lorient, il sortait d'une expérience en Hongrie dans le club de Videoton FC.

---

25 https://www.ouest-france.fr/sport/football/fc-lorient/fc-lorient-le-feuilleton-de-dix-jours-sans-entraîneur-chez-les-merlus-4587695, février 2021.

26 https://www.ouest-france.fr/sport/football/fc-lorient/fc-lorient-bernard-casoni-il-faut-rassurer-tout-le-monde-4600386, février 2021.

CRÉER LES CONDITIONS DE LA STABILITÉ

Il est impossible d'avoir un avis définitif sur l'impact qu'ont eu le départ de Sylvain Ripoll et le recrutement de Bernard Casoni. Le football est ainsi fait que vous aurez des partisans de Sylvain Ripoll qui sont convaincus que le club se serait maintenu avec lui et d'autres qui diront que Bernard Casoni a été plus performant. Ces discussions arrivent à tous les niveaux régulièrement. Certains vous diront qu'Arsène Wenger aurait dû quitter Arsenal plus tôt, car son cycle était terminé, alors que d'autres rétorqueront que vu les résultats du club après son départ, le problème est plus profond. Tout est sûrement plus subtil.

Un dirigeant ne doit pas rentrer dans ces discussions de « café du commerce » qui n'apportent pas grand-chose. Mon expérience au FC Lorient et ma connaissance du monde de l'entreprise me permettent de tirer les enseignements suivants.

Un entraîneur est comme un dirigeant de société. Pour qu'il puisse exprimer sa vision, il convient de lui laisser du temps et de lui faire ouvertement confiance.

Pour que la relation s'établisse sur des bases solides, il est important que l'entraîneur ait rejoint le club au terme d'un processus robuste de recrutement, après ciblage précis de profils d'entraîneurs correspondant aux besoins du club[27].

Témoigner sa confiance en son entraîneur, c'est analyser s'il a à sa disposition les moyens pour réussir. Un examen lucide permettra de ne pas le rendre coupable de tous les maux du club. Est-ce que le groupe est suffisamment équilibré[28] et

27 Je reviens sur le processus de recrutement d'un entraîneur dans le chapitre 11, « La fine mécanique du recrutement ».

28 Je reviens sur l'équilibre d'un effectif dans le chapitre 9, « La construction d'un effectif professionnel ».

quelle est la part de responsabilité de l'entraîneur dans le choix des joueurs ? Est-ce que le club fait son maximum pour mettre le pôle sportif dans de bonnes conditions de performance (intendance, support médical, etc.) ? Est-ce que les joueurs progressent et se développent avec cet entraîneur ?

Témoigner sa confiance en son entraîneur, c'est le protéger quand l'environnement devient hostile. Un entraîneur est fragile comme de la porcelaine. Le dirigeant tient le rôle d'amiral d'un navire. L'entraîneur, celui du capitaine. Nul ne connaît les conditions de navigation. Au milieu de l'océan, même avec un excellent capitaine, nous ne sommes pas à l'abri d'une tempête, d'un iceberg ou d'une épidémie sur le bateau. C'est la responsabilité de l'amiral de garder la tête froide, quels que soient les événements. Il devra rester convaincant et entraînant pour diffuser de la confiance à son capitaine et de la sérénité à son équipage. C'est ce qui permet de ne pas sombrer dans la tempête. Dans le football, malgré une série de mauvais résultats, la pression des supporters et des médias, des joueurs et agents qui se plaignent, le dirigeant doit prendre du recul et garder le cap fixé initialement. Il doit être vigilant sur son comportement qui sera perpétuellement observé[29].

Comme dans toute entreprise, il y a des cycles et l'usure apparaît au bout d'un certain temps s'il n'y a pas de renouvellement dans les pratiques. Mais les départs d'entraîneurs arrivent trop souvent à cause des pressions qui viennent de l'extérieur et de l'intérieur du club. La pression extérieure, la peur de ne pas réussir à atteindre leurs objectifs sportifs poussent les dirigeants à prendre des décisions sur le coup de l'émotion.

Si un dirigeant pense que son entraîneur est en fin de cycle, l'idéal est de le changer en fin de saison pour bien préparer sa

29 Je reviens sur l'attitude d'un dirigeant dans le chapitre 7, « Les conditions de la performance sportive ».

succession. Jean-Michel Aulas, président de l'Olympique lyonnais, est réputé pour rarement changer d'entraîneur en cours de saison. Entre 1996 et 2021, cela n'arriva qu'à deux occasions. Avec le départ d'Hubert Fournier en décembre 2015 et de Sylvinho en octobre 2019.

Un club qui réfléchit à se séparer de son entraîneur en cours de saison doit se poser la bonne question. Cela ne devrait pas être « Devons-nous garder notre entraîneur ? », mais plutôt « Quel entraîneur prêt à s'engager immédiatement est capable de mieux atteindre nos objectifs et mieux développer nos joueurs que l'entraîneur actuel ? »

4

UNE RELÉGATION, L'OPPORTUNITÉ DE RECONSTRUIRE

LA CHUTE VERS L'INCONNU

Un espoir surgit, la Lorientada

Le 20 mai 2017, le FC Lorient jouait son maintien en Ligue 1 contre les Girondins de Bordeaux à domicile. Si, lors du départ de Sylvain Ripoll, on nous avait dit que nous aurions encore une chance de nous maintenir à la 38e journée du championnat, nous aurions signé des deux mains.

Le club avait terminé la phase aller avec 15 points et était bon dernier du championnat. Le début de la phase retour ne présageait rien de bon et, à la 29e journée, les Merlus étaient toujours derniers avec seulement 22 points, à 6 points du premier non-relégable.

Le match de la dernière chance avait lieu à Nancy, dix-huitième de Ligue 1, match comptant pour la 30e journée de Ligue 1. Une défaite, et c'était probablement mission impossible de revenir dans la course au maintien. Au bout de 45 minutes, nous étions menés 2-0 et je ne voyais pas comment nous pourrions revenir au score. Mais Benjamin Moukandjo marqua le but de l'espoir à la 66e minute. À la 86e minute, Wesley Lautoa égalisa de la tête sur corner alors que le gardien nancéien avait repoussé le ballon, mais derrière sa ligne comme l'indiqua la montre de l'arbitre. Grâce à la technologie *goal-line* installée à peine un an auparavant, la montre des arbitres vibrait si le ballon franchissait intégralement la ligne de but. Sans cette technologie, pas sûr que ce but aurait été validé, car à vitesse réelle il était impossible de savoir si le ballon avait franchi la ligne. Nous étions désormais au bout du temps additionnel et Nancy bénéficia d'un coup franc. Notre gardien Benjamin Lecomte se saisit du ballon dans les airs et relança immédiatement pour amorcer la contre-attaque. Quelques secondes plus tard, le FC Lorient marquait le but du 3-2 grâce à Arnold Mvuemba qui poussait le ballon dans le but vide suite à une passe de Majeed Waris. L'improbable s'était produit. Le FCL était toujours vivant et revenait de nulle part.

Suite à notre victoire contre Nancy démarra la « Lorientada », en référence à la fameuse *Remontada* du FC Barcelone contre le PSG quelques semaines auparavant en Ligue des champions[30]. Le FC Lorient enchaîna sur une victoire à domicile contre Caen, puis un exploit chez l'Olympique lyonnais avec une victoire quatre buts à un. Après une défaite contre Montpellier, les Merlus battaient à domicile cinq buts à un le FC Metz. À l'issue de la 34ᵉ journée, le FCL avait 34 points et était seizième du championnat, à 2 points au-dessus de la zone de relégation.

Barragiste, un moindre mal

Malheureusement entre la 34ᵉ et la 37ᵉ journée, le club ne prit qu'un point et se retrouva dix-huitième et barragiste avant d'affronter les Girondins de Bordeaux lors de la dernière journée. Les Girondins pointaient à la sixième place de Ligue 1 et, en cas de victoire et de contre-performance de Marseille, ils pouvaient récupérer la cinquième place, synonyme de qualification directe en Ligue Europa.

Les joueurs étaient accueillis en héros par les supporters lors de la descente du bus avant le match contre Bordeaux. Une grande pancarte avait été accrochée dans le vestiaire des joueurs avec des photos de leurs proches et des messages de soutien. Il y avait beaucoup d'émotions en avant-match, ce qui peut aussi être contre-productif, la performance sportive ne bénéficiant

30 La victoire du FC Barcelone 6-1 contre Paris au match retour des huitièmes de finale de Ligue des champions après une défaite 4-0 au match aller.

pas de ce type d'émotions. L'émotion apparaît dès l'entrée sur la pelouse, par le soutien des supporters. Par le jeu.

En cas de victoire contre Bordeaux conjuguée à une non-victoire de Dijon ou Caen, le FCL était maintenu. Si nous faisions match nul, il fallait que Caen perde à Paris pour se maintenir. Ce dernier scénario semblait réaliste, car la probabilité pour Caen de ne pas perdre contre le Paris Saint-Germain semblait plutôt faible.

Le match débuta bien mal avec l'ouverture du score de Bordeaux dès la septième minute de jeu. Nous étions menés un à zéro à la mi-temps et virtuellement en Ligue 2. Caen perdait un à zéro contre Paris, ce qui signifiait que nous n'étions qu'à un but du maintien. La place du FC Lorient en Ligue 1 se jouait dans les 45 minutes à venir. Onze ans de suite que le club était en Ligue 1 et la survie du club au sein de l'élite allait se jouer dans les prochaines minutes.

Lors de l'entame de la deuxième mi-temps, nous reprenions du poil de la bête avec le soutien d'un Moustoir rempli comme un œuf. À la 70e minute, Vincent Le Goff, latéral gauche, égalisa d'une frappe au second poteau. Et si finalement le FCL arrivait à se maintenir en Ligue 1 après une saison de souffrance ? S'ensuivit un compte à rebours insoutenable jusqu'à la fin du match. Nous rentrions dans le temps additionnel et le match nul synonyme de maintien se dessinait. Soudain, un bruit parcourut le stade. Caen venait d'égaliser en toute fin de match contre le Paris Saint-Germain. Le match s'achevait au Moustoir sur un match nul synonyme de barrage contre le troisième de Ligue 2. C'était à la fois une déception, car nous étions passés à deux doigts du maintien, mais aussi une délivrance, car nous aurions aussi pu être relégués. Il fallait s'imposer contre le club de Troyes dans une confrontation aller-retour.

La descente en Ligue 2

Le match aller avait lieu à Troyes un soir de semaine. Comme contre Bordeaux, nous étions menés un à zéro à la mi-temps et nous faisions grise mine. La deuxième mi-temps était de bien meilleure qualité et nous égalisions autour de la 80e minute grâce à un but de Majeed Waris. Nous nous dirigions vers un match nul, ce qui n'était pas un mauvais résultat, quand à la 91e minute, le vétéran de 40 ans Benjamin Nivet crucifia les Merlus d'une frappe hors de la surface. Cette défaite deux à un dans les derniers instants était un nouveau coup dur dans une saison déjà bien agitée. Il fallait désormais gagner à domicile pour se maintenir. Une victoire un à zéro suffirait grâce au but à l'extérieur marqué à Troyes.

Le match retour se joua dans un Moustoir à nouveau à guichets fermés. Le FC Lorient frappa dix-sept fois au but, toucha même le poteau en début de match, mais ne cadra pas une seule frappe. Au terme d'une saison interminable où l'espoir ne disparut jamais complètement, le FCL descendait en Ligue 2. Les supporters qui étaient derrière le club dans cette lutte pour le maintien exprimaient leur mécontentement. Nous éprouvions tous une immense tristesse et je percevais aussi cela, au-delà de la colère, de la part de nos supporters. Il me semblait normal en tant que dirigeant de faire front et de partager avec eux ces moments difficiles. Je sortis en tribune pour échanger avec eux. J'étais triste, mais eux ne l'étaient pas moins. Je me souviens d'une phrase d'une supportrice fidèle qui me dit, en larmes : « Je ne sais pas si un jour je revivrai la Ligue 1. C'était tellement beau et tellement exceptionnel pour une ville comme Lorient. » Il n'y avait pas de colère. Juste de la tristesse et la lucidité de savoir que pour une ville comme Lorient, la Ligue 1 n'est pas un dû, mais un luxe. Cette phrase me marqua et j'en fis une force. Je voulais démontrer que le club était capable de retrouver la Ligue 1. Je l'ai toujours gardée en tête afin de maintenir le cap dans les moments difficiles qui nous attendaient.

S'APPUYER SUR SES FORCES

Mettre du positif rapidement

La descente en Ligue 2 se traduisit par le départ d'Alex Hayes. Loïc Féry me confia la mission de reprendre en main les activités sportives du club. Le pôle sportif est le nerf de la guerre et piloter cette activité au sein d'un club qui vient de descendre en Ligue 2 après onze ans en Ligue 1 était un beau challenge. Le premier défi qui se dressait devant nous était de trouver un nouvel entraîneur. En effet, nous avions convenu avec Bernard Casoni qu'en cas de relégation du FC Lorient, notre collaboration s'arrêterait là.

À peine deux jours après la descente du club en Ligue 2, le FC Lorient choisissait son nouvel entraîneur, Mickaël Landreau, qui n'avait pas entraîné une équipe professionnelle jusque-là. Mickaël Landreau nous avait été présenté par le directeur sportif du club, Christophe Le Roux. Loïc Féry et moi-même avions apprécié sa personnalité et ses idées. Le président avait rapidement validé son arrivée au club.

Mickaël Landreau est un nom bien connu du football français. Démarrage de sa carrière professionnelle à 17 ans au FC Nantes et capitaine de son club de cœur dès 19 ans. Champion de France avec Nantes en 2001 et Lille en 2011. Vainqueur à de nombreuses reprises de la Coupe de France. Une dizaine de sélections en équipe de France et dans le groupe des 23 joueurs lors des Coupes du monde 2006 et 2014. Tout cela pour un total de 618 matchs de Ligue 1 dans sa carrière, record à battre.

Depuis la fin de sa carrière, Mickaël Landreau se préparait à sa première expérience d'entraîneur. Il avait passé une formation à l'école de commerce ESCP et avait aussi obtenu son diplôme au sein du réputé CDES[31] de Limoges. L'année précédant son arrivée au FC Lorient, il était également dans le staff du Paris FC qui évoluait en National 1.

Mickaël Landreau constitua son staff dans les jours qui suivirent son arrivée avec le recrutement de deux adjoints, d'un préparateur physique et d'un entraîneur des gardiens.

Il fallait ensuite se pencher sur la constitution de l'effectif. Malgré la descente, le club restait attractif grâce à ce qui avait été bâti ces dernières années en Ligue 1. Le FC Lorient avait la réputation d'être un club stable et solide financièrement. Ses infrastructures avec le centre d'entraînement étaient de niveau Ligue 1. De plus, la Bretagne, réputée pour sa culture football et sa qualité de vie, était un argument supplémentaire pour attirer des joueurs. Mais pour pouvoir se lancer dans le mercato, il fallait préparer un budget adapté à la Ligue 2.

Être prêt au pire

Pour préparer son budget, le club pouvait s'appuyer sur une bonne pratique mise en place depuis de nombreuses années qui allait amortir l'impact économique de la relégation.

La masse salariale chargée est le poste de coûts le plus important d'un club de football. Les clubs qui contrôlent le mieux leur masse salariale font en sorte que celle-ci soit autour de 50 % de leurs revenus, transferts inclus. L'indice de corrélation entre le résultat net d'un club et ce ratio se situe autour de – 0,7 si l'on se base sur les dernières saisons, ce qui démontre bien l'importance économique de cet indicateur.

31 Centre de droit et d'économie du sport.

La charte du football professionnel en France indique qu'en cas de descente en Ligue 2, les clubs ont la possibilité unilatérale de diminuer de 20 % les salaires de leurs joueurs. Il faut comparer ces 20 % à la baisse de revenus qui correspond à un minimum de 30 % pouvant aller jusqu'à 70 % selon le profil du club. Cette baisse n'est donc pas suffisante pour compenser l'impact économique de la descente.

Nous avions pris l'habitude depuis de nombreuses saisons d'indiquer un salaire Ligue 1 et un salaire Ligue 2 dans les contrats de travail des joueurs. Ces deux salaires étaient clairement explicités et pour certains joueurs la baisse de rémunération pouvait atteindre 80 %. Ainsi donc, mécaniquement lors de la descente, la masse salariale diminuait de bien plus que 20 % alors que l'effectif de joueurs restait inchangé.

Cette habitude contractuelle changeait le rapport de force entre le club, l'agent et le joueur en cas de descente. En effet, dans cette situation, le club est économiquement en mesure de garder son effectif. Si un joueur souhaite partir et que le club est prêt à envisager son départ, ce dernier est dans une position relativement confortable lors de la négociation. Si celle-ci échoue, il y a peu de conséquences économiques. D'autre part, si le club souhaite absolument retenir un joueur, mais que celui-ci a subi une très importante baisse de sa rémunération par rapport à la Ligue 1, une négociation sur une revalorisation assortie d'une prolongation de contrat pourra avoir lieu. La règle la plus importante est de ne pas ouvrir la boîte de Pandore. À savoir, proposer des revalorisations sans prolongation de contrat. Si nous avions commencé à faire cela pour un joueur, tout le groupe aurait débarqué en demandant le même traitement de faveur. Il y a une règle essentielle à retenir malgré la confidentialité que tous les agents et tous les joueurs assurent garder : tout se sait dans un vestiaire de football.

On voit bien l'impact négatif que peut avoir une relégation en Ligue 2 pour un club qui n'a pas anticipé cette possibilité. Il se retrouve asphyxié par une masse salariale excessive, est dans l'obligation de se séparer au plus vite de joueurs et donc en position de faiblesse lors des négociations avec ses joueurs et les clubs, ce qui a de nombreux effets négatifs, aussi bien financièrement que sportivement :

- Difficulté à maximiser le montant des transferts des joueurs qui doivent absolument quitter le club.

- Complexité à dégager une enveloppe de recrutement en transferts et salaires pour constituer l'effectif en Ligue 2 tant que des joueurs n'ont pas quitté le club.

- Peu d'intérêt pour les joueurs de prolonger leur contrat, ce qui diminue leur potentiel futur de revente. Par exemple, un joueur à qui il reste une seule année de contrat partira libre la saison d'après.

- Intérêt limité pour des joueurs dont le club voudrait se séparer de quitter le club, car leur situation financière est confortable.

Cet exemple spécifique au football et à la relégation permet de tirer deux enseignements qui vont bien au-delà de ce secteur et qui s'appliquent à la gestion d'entreprise :

- Souvent, lorsque tout va bien, on a tendance à sous-estimer les risques à venir et l'on baisse un peu la garde. Les fondations du rebond se trouvent aussi dans les décisions de gestion des périodes prospères. Une bonne attitude consiste à imaginer constamment que la trésorerie de l'entreprise est proche de zéro. Cela met un dirigeant en position d'alerte et lui permet de ne pas gaspiller des ressources inutilement.

- Dès que possible, un dirigeant devrait chercher à variabiliser sa structure de coûts afin d'encaisser les imprévus budgétaires. Cela est surtout vrai si les revenus ne sont pas très diversifiés et dépendent de quelques clients. Il est bien risqué de gérer une activité dégageant des revenus variables en ayant une structure de coûts fixes.

Le club était toujours resté conscient du risque de relégation et avait eu la sagesse de prévoir des salaires Ligue 2 dans ses contrats, au risque parfois de perdre des joueurs au profit d'autres clubs. Un dirigeant doit éviter de mettre en péril l'avenir de l'entreprise pour simplifier sa gestion du présent. Il doit préparer l'entreprise au pire.

On gagne ensemble, on perd ensemble

Un choix fort fut de ne pas procéder à un plan de départ de salariés administratifs en contrat à durée indéterminée. Nous avions développé un niveau de savoir-faire nous permettant d'être performants sur les aspects commerciaux et rigoureux sur les dimensions administratives. Se séparer d'une partie des équipes pourrait générer des économies à court terme, mais sur la durée nous perdrions des partenaires et nous risquerions de faire des erreurs opérationnelles nous coûtant bien plus que les économies initialement réalisées. C'était ma vision, mais la décision finale revenait au président et propriétaire du club qui eut le courage de suivre ma recommandation.

J'avais mis en place en 2015, à mon arrivée, un processus de suivi de la performance. L'objectif était de suivre l'évolution de chacun des salariés et de déployer des mécanismes mettant en avant le mérite. Afin d'évaluer la performance des salariés du FC Lorient, je créai une grille d'évaluation sur deux axes : l'expertise et l'attitude.

L'expertise étant la combinaison de plusieurs facteurs, que ce soit l'atteinte des objectifs, la gestion des activités quotidiennes, la profondeur analytique, la qualité des délivrables, l'expression écrite ou également la veille concurrentielle.

L'attitude est le leadership en interne, l'état d'esprit entrepreneurial, les valeurs professionnelles, la capacité à recevoir du *feedback* ou encore le travail en équipe.

Je porte plus d'importance à l'attitude qu'à l'expertise. Une bonne attitude est le fondement de la performance. Je crois qu'une bonne attitude se traduira par une amélioration de l'expertise et donc par la hausse de la performance. *A contrario*, une bonne expertise associée à une attitude défaillante limite le potentiel d'évolution et peut également diminuer la performance du reste de l'équipe.

Je devais associer à ce mécanisme une culture du mérite pour récompenser les équipes de leur performance, et aussi de la performance collective de l'entreprise. Je décidai à l'issue de la saison 2015-2016 de créer une partie de rémunération variable qui serait le fruit à la fois de l'évaluation sur la saison réalisée[32] et du résultat net dégagé par l'entreprise. L'objectif était de tendre vers une part variable pouvant atteindre 15 à 30 % de la rémunération totale.

Au-delà de la prime au mérite, ce processus avait pour but de développer la responsabilisation des équipes et leur engagement vis-à-vis du club. On gagne ensemble, on perd ensemble. Malgré la descente en Ligue 2, le questionnaire interne que je menais chaque année continuait de donner des résultats encourageants. La santé organisationnelle de l'entreprise était mieux perçue par ses salariés qu'à mon arrivée alors que nous

32 Évaluation qui pouvait aller d'« excellente performance » à « performance insuffisante ».

étions en Ligue 1. Les pratiques managériales étaient en nette amélioration. Nous entamions une traversée du désert avec la conviction que le travail de fond réalisé depuis deux ans était bon. Cet état d'esprit était nécessaire à tous les niveaux pour faire face à un environnement difficile.

DES OPPORTUNITÉS DANS LA DIFFICULTÉ

Une allocation dynamique des ressources

Nous devions désormais adapter le fonctionnement du club à la Ligue 2. Les équipes étaient responsabilisées dans la construction du budget. Chaque département savait qu'il était un centre de profit (ou de coûts) et qu'il fallait absolument l'optimiser.

Je déployai un sévère plan de réduction des coûts de fonctionnement. Au démarrage de l'exercice budgétaire de Ligue 2, je cadrai le budget en demandant une réduction de 30 % des coûts par département au minimum. L'existence d'un processus budgétaire n'a en soi rien de révolutionnaire. Mais grâce à des missions de refonte de processus budgétaire que j'avais effectuées chez McKinsey, j'avais remarqué que ce processus était rarement optimal et apprécié en interne. J'en avais tiré les leçons suivantes :

- **Mettre en place un processus budgétaire simple** et relativement rapide à compléter. Cela permet aux équipes d'y mettre plus de sens et de ne pas empiéter excessivement sur les tâches quotidiennes créatrices de valeur.

- **Développer une culture de confiance avec ses équipes** afin d'éviter la schizophrénie budgétaire qui consiste à créer deux budgets parallèles. Un premier, prudent, pour ne pas se mettre en danger face au responsable hiérarchique et l'autre, interne au département, dont les objectifs sont souvent plus ambitieux.

- **Construire le budget sans regarder l'allocation des ressources de l'année précédente.** Nous avons le réflexe de regarder les dépenses de l'année précédente avant de réaliser un budget. Le problème de ce fonctionnement est que nous sommes conditionnés à avoir une allocation de ressources peu dynamique par rapport à l'année précédente.

Des trois points cités ci-dessus, le plus difficile à mettre en place est sans aucun doute le dernier. Il est très inconfortable de modifier de façon abrupte les allocations d'investissement et de charges. Les départements sont attachés à garder leur enveloppe annuelle et une forte diminution de celle-ci au profit d'un autre département est mal perçue et peut créer une situation conflictuelle.

Néanmoins, une étude de McKinsey montre que les entreprises les plus performantes sont celles qui allouent proactivement leurs ressources. Le graphe suivant indique que les sociétés américaines les plus dynamiques dans ce domaine grandissent bien plus vite que celles qui restent statiques.

Taux de rendement médian annuel des actions par entreprise selon le degré de réallocation de ressources

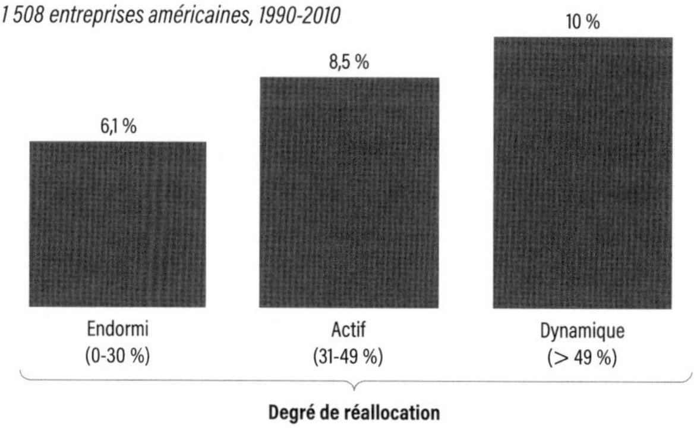

Source : McKinsey.

Ce plan de réduction de coûts était aussi l'opportunité de remettre en cause toutes les allocations de ressources. Cela ne nous empêchait pas de poursuivre nos investissements. Malgré la relégation, nous lancions la construction d'une nouvelle pelouse pour un budget supérieur à 500 000 euros. C'était une demande de longue date du centre de formation afin de diminuer le nombre d'entraînements sur terrain synthétique.

Les obstacles et soubresauts font partie de la vie d'entreprise. Le repli sur soi n'est pas la bonne option pour y faire face. Réallouer ses ressources dynamiquement et poursuivre ses investissements sont des conditions *sine qua non* pour préparer l'avenir. Une entreprise qui ne se remet pas en cause et n'investit pas est une entreprise qui meurt.

Des armes pour rebondir

Les revenus de billetterie, sponsoring et merchandising diminuent la première année de la descente en Ligue 2, et la perte continue généralement de se creuser les années suivantes si le club ne remonte pas. Il est également bien plus difficile d'obtenir les mêmes revenus de transfert en Ligue 2, car les joueurs sont moins exposés médiatiquement et il existe un doute sur leur capacité à évoluer en Ligue 1.

Au niveau des droits TV, en Ligue 1, un club comme le FC Lorient touchait environ 19 millions d'euros. Un club de Ligue 2 touchait entre 5 et 6 millions d'euros. Soit un écart supérieur à 13 millions d'euros. Tous les comptes des clubs de football français professionnels étant publics, il est bien facile de regarder les impacts d'une relégation[33].

Afin de protéger les clubs d'un tel choc et leur laisser le temps de s'adapter, les clubs relégués bénéficient d'une aide. Cette aide est calculée en fonction de l'ancienneté du club en Ligue 1. Le FC Lorient, étant depuis onze ans consécutivement en Ligue 1, jouissait de l'enveloppe maximale possible. À savoir une aide de 7 millions d'euros la première année de Ligue 2 et un accompagnement de 1 million d'euros l'année suivante. Cette aide était un avantage compétitif par rapport aux autres clubs, car elle correspondait à un montant plus que doublé des droits TV de la saison en Ligue 2.

Lors d'une descente, l'effectif de joueurs se modifie fortement. Nombre d'entre eux ne souhaitent pas évoluer en Ligue 2. Les transferts ont un impact sur les comptes du club. Par exemple, si un club achète les droits d'un joueur pour 10 millions d'euros et le fait signer pour 5 ans, 10 millions apparaîtront dans le bilan du club. Chaque année du contrat écoulée se traduit par une dotation aux amortissements. Dans ce cas précis, le contrat est amorti sur cinq ans avec une dotation sur amortissement annuelle de 2 millions d'euros[34]. Si le joueur est transféré pour 15 millions à l'issue de sa troisième année de contrat, apparaît un résultat exceptionnel correspondant aux 15 millions moins

33 https://www.lfp.fr/DNCG/rapports, février 2021.

34 Les 10 millions de transferts divisé par les cinq ans de durée du contrat.

la valeur résiduelle du contrat à cette date. À l'issue des trois ans, 6 millions d'euros auront été amortis sur les 10 millions initiaux. La valeur résiduelle du contrat est donc de 4 millions d'euros. Dans les comptes du club apparaîtra par conséquent un résultat exceptionnel de 11 millions d'euros[35].

Compte tenu du départ de nombreux joueurs ayant une valeur d'actif, un club transforme une partie de son patrimoine illiquide en liquidités immédiates lors d'une relégation. Mais c'est une illusion d'enrichissement. À court terme, cela représente une rentrée d'argent mais le club appauvrit son capital joueurs constitué en Ligue 1 et voit la taille de ses actifs diminuer.

Le FC Lorient avait des fondations financières solides en ayant enchaîné un nouvel exercice comptable positif en 2016-2017 avec 5,8 millions d'euros de résultat net. Cette performance financière était la meilleure du football français sur la saison. C'était assez paradoxal. La saison où le club descendait en Ligue 2 était celle où il réalisait sa meilleure performance économique. La plus-value générée par les transferts de joueurs n'était pas étrangère à cela. La balance entre la partie sportive et la partie économique s'était trouvée déséquilibrée. Mais il fallait regarder le positif. Les capitaux propres du club se situaient à 12,5 millions d'euros, ce qui était supérieur à n'importe quel autre club de Ligue 2.

La compétence des équipes, la situation financière du club, les salaires automatiquement ajustés en Ligue 2, le plan de réduction de coûts, l'aide à la relégation et l'argent potentiellement généré par les transferts étaient autant d'éléments positifs pour aborder la Ligue 2. Le club avait une trésorerie saine. Il fallait maintenant bien l'investir pour rebondir.

35 Les 15 millions de ventes moins les 4 millions de valeur résiduelle.

Construire sur la durée

Les aides à la relégation ne sont pas spécifiques à la France et existent dans d'autres championnats. Elles ont pour objectif de permettre aux clubs de faire face à une forte chute de leurs revenus et d'adapter progressivement leur structure de coûts à un club de seconde division. Sauf que cette aide est souvent réinvestie immédiatement dans la masse salariale des joueurs afin de tenter de remonter aussitôt. Les clubs accueillant les clubs relégués dans leur division se plaignent régulièrement de ces aides, car ils considèrent qu'elles donnent un avantage compétitif dans la course à la montée. Pourtant, si l'on regarde la performance des clubs relégués en France sur ces dernières années jusqu'en 2018, on remarque que miser sur une remontée immédiate est un pari hasardeux.

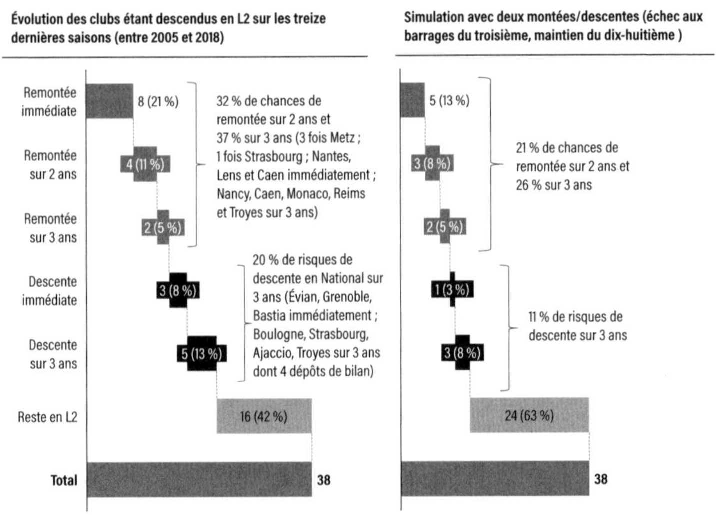

Source : LFP.

Un club qui descend en Ligue 2 a environ 20 % de chances de remonter immédiatement en Ligue 1, si on se fie à l'historique entre 2005 et 2018. Et depuis l'instauration du barrage entre le troisième de Ligue 2 et le dix-huitième de Ligue 1, cette probabilité a diminué. En prenant l'hypothèse que le barragiste de Ligue 2 ne parvienne jamais à battre le dix-huitième de Ligue 1, un club relégué n'a que 13 % de chances de remonter l'année suivante. Même si cela reste un choix difficile, la bonne pratique de gestion consiste à utiliser l'aide à la relégation et l'argent généré par les transferts pour restructurer son pôle sportif et se projeter sur un projet de remontée sur plusieurs années. Un dirigeant doit éviter de jouer à la roulette russe et tout miser sur une seule saison, même s'il garde l'ambition de remonter immédiatement. C'est d'ailleurs statistiquement dans l'année qui suit la descente que les chances de remonter sont les plus grandes. Il est normal de tenter sa chance, mais pas de façon insensée.

Je ne pouvais pas revenir en arrière et éviter la relégation en Ligue 2. Mais je pouvais démarrer un nouveau cycle et écrire la suite de l'histoire. C'était l'opportunité de découvrir la résilience du club face à la difficulté. J'ai toujours considéré que la persévérance est la qualité professionnelle la plus importante avec l'éthique. Nous ne connaissons pas notre niveau de persévérance tant que nous n'avons pas été confrontés à des obstacles. Cette difficulté était une épreuve de leadership. Il fallait avancer pas à pas et reconstruire progressivement les fondations de la remontée en Ligue 1. Le prochain pas était le pilotage du mercato. Après onze ans en Ligue 1, celui-ci s'annonçait mouvementé.

5

LE PILOTAGE D'UN MERCATO

UNE FOLLE CROISSANCE DU SECTEUR

Les transferts, un marqueur de la croissance du football

Les revenus des clubs de football ont bénéficié d'une croissance insolente jusqu'à l'apparition de la COVID-19. Leurs revenus ont augmenté chaque année à un rythme de 7 % par an entre 2009 et 2018, comme le montre le graphique suivant.

Revenus cumulés de l'ensemble des clubs de football évoluant dans les ligues membres de l'UEFA

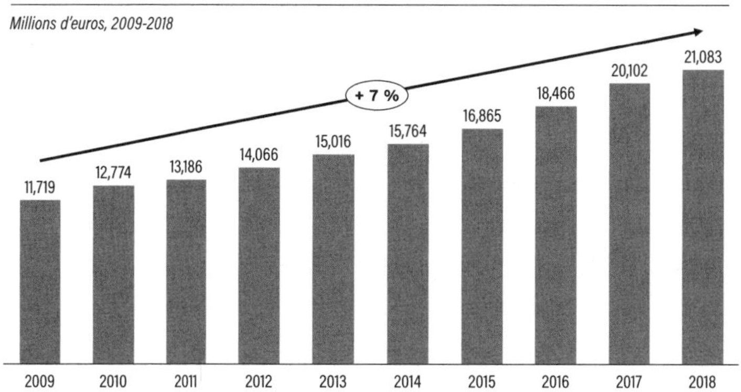

Source : UEFA European Club Footballing Landscape report.

Toutes les sources de revenus des clubs ont augmenté durant cette période, qu'il s'agisse des droits audiovisuels sur les compétitions domestiques, du sponsoring ou des revenus reversés par l'UEFA[36] aux clubs participant aux compétitions européennes.

36 Union of European Football Associations.

Décomposition de la croissance des revenus

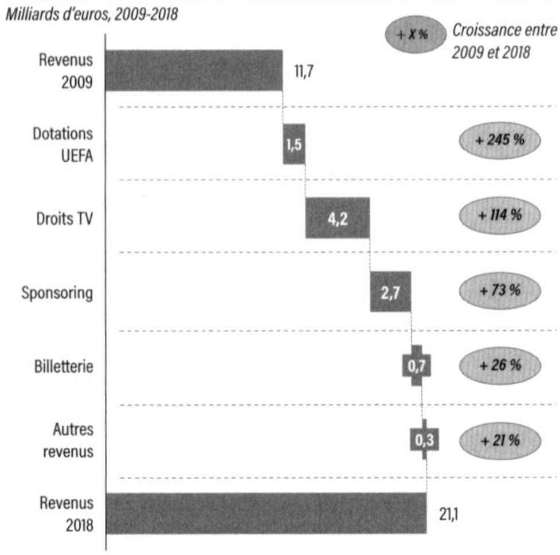

Source : UEFA European Club Footballing Landscape report.

Cette croissance des revenus s'est traduite par une forte hausse des montants de transferts. Les transferts sont un ruissellement d'argent de clubs à budgets importants vers des clubs de taille inférieure. Mise à part l'arrivée d'actionnaires injectant des millions d'euros, la hausse des prix d'acquisitions de joueurs est avant tout une conséquence de l'augmentation des budgets de clubs. Le graphique suivant illustre l'évolution des prix des transferts.

Montant record de transfert par saison sportive

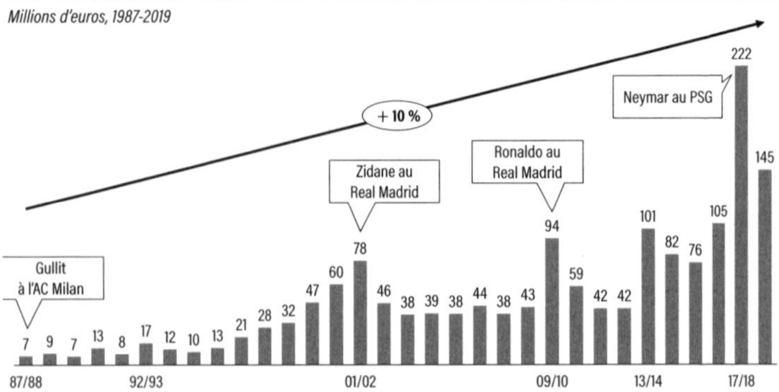

Source : Transfermarkt.

Le marché des transferts est l'une des seules possibilités pour les plus petits clubs de capturer une partie des richesses des plus grands. Développer des jeunes joueurs à fort potentiel pour les transférer vers des clubs plus huppés est devenu une stratégie suivie par de nombreux clubs.

L'évolution du montant des transferts est un bon indicateur de l'argent circulant dans le secteur du football. La période de mercato est un enjeu majeur dans le fonctionnement d'un club. Plus seulement pour bâtir le meilleur effectif possible, mais aussi pour réaliser des ventes permettant de compenser les déficits d'exploitation et de dégager d'éventuels bénéfices.

Des périodes de mercatos à optimiser

En janvier et à l'été de chaque saison, les clubs de football entrent en période de mercato. C'est une période assez excitante à l'intérieur d'un club. À ce moment, des dirigeants peuvent ressentir qu'ils ont un impact visible. Un bon joueur recruté et c'est tout l'environnement qui célèbre et félicite le club pour son travail. La tension autour des négociations, les billards à trois bandes entre les clubs, les agents et les joueurs sont autant d'éléments qui rendent cette période stimulante pour les dirigeants en charge du pilotage de la stratégie sportive.

Le mercato d'été est bien plus important et structurant que le mercato d'hiver. Il permet de remodeler son effectif en prévision de la saison à venir et de réaliser des plus-values permettant d'équilibrer le budget.

Le mercato d'hiver est souvent utilisé pour réajuster un effectif qui serait en difficulté en cours de saison. Recruter un joueur lors de ce mercato est un exercice délicat. Les clubs acceptant de se séparer d'un joueur durant ce mercato le font soit parce que l'offre est bien supérieure à la valeur marchande du joueur, soit parce que le joueur n'est pas indispensable à l'effectif. Si le club recherche une performance immédiate, il devra privilégier un joueur jouant régulièrement et payera une indemnité élevée au-dessus du prix du marché. Recruter un joueur qui a peu joué ne donne pas de garantie sur son niveau de performance immédiat. Un recrutement durant le mercato d'hiver peut aussi permettre de préparer un joueur à la saison prochaine en lui laissant une période d'adaptation de quelques mois.

Durant le mois d'août, le mercato d'été est toujours ouvert et la plupart des championnats viennent de démarrer. Pendant que les premiers matchs se jouent, un effectif peut être soumis aux états d'âme de certains joueurs souhaitant quitter le club avant la fin du mercato. Si l'équipe démarre mal le championnat, le club sera tenté de procéder à des recrutements en urgence en fin de mercato. Cette situation, assez anxiogène, ne permet pas à un staff de travailler dans la sérénité avec son groupe et peut provoquer des erreurs de gestion de la direction.

L'Angleterre a tenté d'apporter une solution à cette situation en arrêtant plus tôt son mercato, avant le démarrage de la saison lors du mercato d'été 2019. Cela partait d'une bonne intention, mais l'Angleterre étant le seul pays à procéder de la sorte, les clubs anglais se retrouvaient après la fermeture de leur mercato à ne plus pouvoir recruter alors que des clubs d'autres pays pouvaient solliciter leurs joueurs. L'Angleterre est donc revenue en arrière à l'été 2020 et le mercato continue de se chevaucher avec les premières journées de championnat.

Il serait cohérent d'harmoniser et de diminuer la durée des mercatos pour tous les pays en limitant le chevauchement avec les compétitions. Cette initiative devrait faire l'objet d'une coordination entre les différentes fédérations nationales. Si le mercato d'été s'achevait au 31 juillet de chaque année et ne durait que deux mois, cela n'empêcherait probablement pas les clubs de tenir leur stratégie.

Le football ne se porterait pas plus mal si le mercato d'été s'achevait avant le début des compétitions et si le mercato d'hiver était tout simplement supprimé. Seul le recrutement d'un ou deux joueurs en joker pourrait être autorisé en cas de blessure grave d'un joueur générant une indisponibilité supérieure à six mois. Avec ce fonctionnement, les clubs ne seraient pas plus pauvres. Ce serait probablement l'inverse, car les choix seraient moins guidés par les émotions. Cela permettrait de se consacrer exclusivement, et dès le début du championnat, à la performance sportive plutôt que de s'éparpiller.

Quelle que soit la durée d'un mercato, les derniers jours restent les plus actifs. Plus la date de fermeture se rapproche, plus les clubs sont dans l'obligation de lâcher du lest pour accomplir leurs objectifs. Des opportunités inespérées apparaissent alors avec des joueurs qui deviennent disponibles pour un transfert.

Naviguer dans l'incertitude des derniers jours d'un mercato est un impondérable du secteur. Mais je souhaitais que cette situation ne soit pas subie et que nous nous organisions pour anticiper du mieux possible les scénarios susceptibles de se produire.

LE CONDUCTEUR DU VÉHICULE

Un mercato, un projet

Dans les sociétés de conseil, un rôle pivot est celui de chef de projet. C'est la personne qui a la responsabilité de piloter la mission auprès du client avec le soutien d'une équipe de consultants. Il met en place tout le processus de fonctionnement de celle-ci et organise les réunions avec l'équipe et avec le client. Quand il considère que c'est nécessaire, le chef de projet peut rechercher l'aide de consultants ayant une expertise spécifique, et s'il perçoit une potentielle difficulté avec un client, il peut solliciter le directeur qui supervise le projet.

En termes imagés, on dit que le chef de projet est le conducteur du véhicule. Il est de sa responsabilité que celui-ci arrive à destination sans qu'il en soit propriétaire pour autant. C'est à lui de décider s'il a besoin d'un copilote, de l'aide du GPS ou s'il faut ajouter de l'essence. Il ne peut pas rejeter la faute sur quelqu'un d'autre s'il n'arrive pas à destination.

Je constatai assez rapidement que mon rôle dans la gestion du mercato était similaire à celui de chef de projet. J'étais assis sur le siège du conducteur et j'avais la responsabilité de conduire le véhicule FC Lorient.

Le mercato est une période cruciale qui détermine souvent la réussite de la saison à venir. Lors des années précédentes, j'avais accompagné des négociations de ventes et d'achats de certains joueurs, comme le transfert de Raphael Guerreiro au Borussia Dortmund au début de l'été 2016. Je ne partais donc pas dans l'inconnu et je pouvais m'appuyer sur l'expérience des équipes pour monter en puissance.

La gestion d'un mercato n'a rien d'ésotérique et s'assimile à des métiers classiques au sein d'une entreprise. Au lieu de parler d'achat d'entreprises ou d'actions, on parle d'achat de contrat de travail d'un joueur de football pour une période limitée dans le temps.

Dans une entreprise classique, les dirigeants vont régulièrement analyser le portefeuille de produits et estimer la complémentarité entre eux selon leur positionnement et leur localisation géographique. Si le management estime qu'un produit a un fort potentiel de développement, il va investir sur ce produit et délivrer de la croissance organique. Si au contraire, un produit est en perte de vitesse et n'est plus rentable, le management va sûrement chercher à s'en séparer. Si le management identifie un marché avec un fort potentiel de croissance où il n'est pas présent, il étudiera probablement des cibles d'acquisition pour une croissance externe.

Piloter un mercato consiste de la même façon à faire l'allocation la plus précise de ses « produits », à savoir les joueurs. Avec l'objectif de constituer le « portefeuille » le plus complémentaire, l'effectif. La croissance organique correspond à développer ses « produits » existants, les joueurs de son groupe professionnel. Ou à en créer de nouveaux, grâce à l'émergence de joueurs issus du centre de formation. La croissance externe consiste à recruter des joueurs qui n'étaient pas au club la saison précédente.

Dans le football, nous parlons évidemment d'êtres humains et non pas de produits. Mais l'analogie reste pertinente en termes de pratiques professionnelles.

J'avais conscience des similitudes entre la gestion d'un mercato et celle d'un projet stratégique de constitution de portefeuille. Il était temps de définir la première étape de ce projet : la rédaction d'une feuille de route stratégique.

Une feuille de route pour anticiper et s'aligner

Pendant un mercato, chaque dossier est différent. Certains sont très simples, comme faire signer un joueur qui est libre et n'a pas d'agent. D'autres dossiers sont particulièrement complexes. Lorsque vous êtes embarqué dans une négociation pour le recrutement d'un joueur qui est la priorité numéro 1 des responsables sportifs, et que ce joueur est sollicité par de nombreux clubs, il est nécessaire de savoir manœuvrer pour réaliser le transfert tout en sachant dire non si l'enveloppe fixée initialement n'est pas respectée. Facile à écrire, mais difficile à faire.

Il y a une règle d'or : rien ne se passera comme prévu pendant un mercato. Il se peut que, sur un poste où vous deviez recruter, vous n'arriviez à faire signer aucune de vos cinq cibles identifiées. Un joueur que vous souhaitez absolument garder peut être approché par un autre club 24 heures avant la fermeture du mercato avec une offre bien supérieure au prix du marché. Un club n'est jamais à l'abri d'une blessure de longue durée qui oblige à recruter à un poste que vous n'aviez pas prévu. Enfin, vous ne maîtrisez pas les timings. Une vente importante d'un joueur que vous avez budgétée peut prendre du temps à se réaliser, voire pire, ne pas se réaliser. Cette situation peut bloquer tout votre recrutement et vos cibles sont susceptibles d'être recrutées par d'autres clubs entre-temps.

Compte tenu de cette règle d'or que j'ai vécue à maintes reprises, deux mots d'ordre : l'anticipation et l'alignement. La base d'un bon mercato est une feuille de route anticipant différents scénarios et où les parties prenantes se sont bien mises d'accord préalablement.

Cette feuille de route est le fruit de discussions entre les dirigeants d'un club. Nous avions organisé cette réunion de cadrage en amont du mercato avec le président, l'entraîneur, le directeur sportif, le directeur du centre de formation et moi-même afin de définir la vision cible de l'effectif. Suite à cette réunion, je prenais le temps de formaliser une feuille de route. Il était indispensable d'obtenir ensuite une validation de la stratégie de leur part.

Une bonne anticipation consiste à développer plusieurs scénarios conditionnels dans la feuille de route. Par exemple, un club ayant la volonté de prolonger un joueur et de le garder doit rester prévoyant et avoir un plan pour faire face à son éventuel départ. À défaut, cela peut être dramatique car la probabilité est élevée, si le club est mal préparé et agit dans l'urgence avant la fin du mercato, qu'il fasse de mauvais choix.

S'aligner avec toutes les parties prenantes en amont d'un mercato permet d'éviter les périodes de flottement et la désolidarisation. Par exemple, si le directeur sportif insiste pour recruter un certain type de joueur mais que l'entraîneur ne se positionne pas formellement sur ce besoin, le dirigeant du club hésitera à s'engager dans le recrutement. Si l'entraîneur valide trop tardivement ce besoin, le club aura moins d'options pour ce poste et cela générera des contrariétés. À l'inverse, un directeur sportif attirant unilatéralement des joueurs sans se mettre d'accord avec son entraîneur sur le profil souhaité prend le risque de ne pas réussir un bon recrutement et de se désolidariser de l'entraîneur.

Anticiper, c'est avoir conscience qu'on ne maîtrise jamais l'incertitude d'un mercato. Des joueurs ciblés peuvent ne pas être intéressés par le projet sportif. À tout moment, un joueur de l'effectif peut émettre la volonté de quitter le club. Un dirigeant de club a des outils à sa disposition pour diminuer ces risques et ceux-ci peuvent être explicités sur la feuille de route. Le club peut aussi s'opposer à un départ de joueur. Mais il est préférable que ce soit pour de bonnes raisons, comme une offre d'un autre club insuffisante. Au contraire, une offre d'achat d'un joueur, souhaitant partir, à un prix supérieur au prix du marché refusée parce qu'on n'aurait pas le bon profil pour le remplacer signifierait un manque d'anticipation de la direction du club.

S'aligner, c'est ce que recherchent des dirigeants s'inscrivant dans un projet collectif. Construire et valider ensemble une feuille de route stratégique donne de la force au projet. Cette force se traduit par une meilleure capacité à exécuter et à convaincre. Ensuite, selon les événements de mercato, cette feuille de route pourra être actualisée, mais ne sera pas remise en cause.

La feuille de route se prépare généralement entre la fin du mois de mai et début juin, un peu avant le démarrage du mercato d'été. Durant cette période de l'année, la saison est terminée. C'est pourtant l'un des moments essentiels dans la vie d'un club. Une feuille de route de qualité est la fondation d'une future bonne saison.

DES PRINCIPES DE PILOTAGE

Nous étions satisfaits du déroulement de ce premier mercato de Ligue 2. Le principal objectif était de créer une dynamique positive. La feuille de route de mercato établie initialement était globalement respectée. L'effectif constitué nous semblait faire partie des plus solides de Ligue 2 et nous pensions avoir une vraie possibilité de remontée immédiate.

La partie économique était également encourageante, car notre prévisionnel budgétaire indiquait dès la fin du mercato d'été de l'année 2017 que l'exercice 2017-2018 serait bénéficiaire. C'était donc un troisième exercice comptable positif consécutif en perspective.

Nous avions réalisé plus de 17 millions d'euros de vente sur l'exercice 2017-2018 à comparer aux 4,5 millions d'euros de moyenne pour les vingt clubs de Ligue 2[37]. Ce chiffre était dû à la vente de nos meilleurs joueurs de Ligue 1 comme Benjamin Moukandjo ou Benjamin Lecomte.

37 https://www.lfp.fr/DNCG/rapports, février 2021.

Il n'existe pas de recette miracle pour réussir tous ses dossiers. Toutefois, après avoir piloté sept mercatos entre 2017 et 2020 et participé à plus d'une dizaine au total, quelques principes émergent dans la gestion d'un mercato.

Principe n° 1 : Toujours se référer à la feuille de route

La principale différence entre le pilotage d'un mercato et un projet stratégique plus courant d'entreprise se situe dans la gestion des émotions. Le risque est de s'attacher à un joueur durant une négociation ou d'en faire une affaire personnelle. Pour éviter cet écueil, la règle est de toujours se référer à la feuille de route. Il est préférable de s'y tenir, car elle a été établie à un moment où toute la direction était lucide et posée. Cela ne veut pas dire qu'il ne faut pas prendre des risques de temps à autre sur un profil, mais il convient de ne pas confondre la gestion de risques et des choix relevant de l'émotion. Si l'on bascule dans l'émotion, le risque est de payer une valeur supérieure à la véritable valeur du joueur. L'aspect salarial est aussi à ne pas négliger. Au-delà de l'impact économique, c'est aussi l'équilibre du vestiaire de joueurs qu'il convient de garder à l'esprit. Des salaires trop disparates sont les graines de futures tensions dans le vestiaire si les écarts de performance ne les justifient pas.

Principe n° 2 : Être intransigeant sur le profil du joueur

En amont du mercato, les responsables sportifs vont établir les profils des joueurs à recruter sur certains postes. Les caractéristiques de ces profils sont spécifiques et dépendent de la composition de l'effectif du moment et du projet de jeu. Il se peut pendant le mercato qu'un très bon joueur soit proposé pour rejoindre le club au poste ciblé. Un dirigeant peut avoir la tentation de recruter ce joueur même s'il ne correspond pas au profil. Notamment si les discussions patinent autour du recrutement des profils ciblés. Le dirigeant doit rester intransigeant et ne pas céder à la facilité en recrutant un bon joueur dont les caractéristiques seraient éloignées du profil recherché [38]. À court terme, cela peut sembler rassurant, mais en fonctionnant de la sorte, l'équilibre de l'effectif n'est plus respecté et le recrutement du joueur risque d'être un échec.

Principe n° 3 : Cultiver son réseau

Le football est un secteur de réseau. Bien connaître des recruteurs, d'anciens joueurs ou des agents est un atout dans l'exécution des dossiers. C'est un moyen d'obtenir des informations avant d'autres clubs et d'agir plus rapidement. Une relation forte avec des agents permet aussi de sécuriser des arrivées ou des départs de joueurs. Cette relation se construit par une qualité de parole irréprochable. Un dirigeant dit ce qu'il fait et fait ce qu'il dit. Il en est de même pour l'agent. Pour y arriver, il faut du temps. La parole doit être à mise à l'épreuve des faits et une relation de confiance s'établit progressivement.

Principe n° 4 : Avoir une MESORE

La MESORE est un acronyme pour *meilleure solution de repli*. Le concept de la MESORE, intitulé BATNA [39] en anglais, a été développé par les chercheurs Roger Fisher et William Ury [40] en 1981. Il consiste à se créer des solutions de repli qui font qu'en cas d'échec de la négociation il existe un plan B. En cas de vente de joueur, un plan B consiste à avoir plusieurs clubs en parallèle sur la table de négociation. C'est généralement de cette façon qu'un club peut maximiser son prix de vente. Pour recruter un joueur, un club doit mener des négociations en parallèle sur plusieurs cibles et être capable d'arbitrer selon l'évolution des négociations.

---

38 Nous y reviendrons dans le chapitre 11, « La fine mécanique du recrutement ».
39 *Best alternative to a negotiated agreement.*
40 *Comment réussir une négociation*, Roger Fisher et William Ury, Le Seuil.

Principe n° 5 : Tirer profit de la technique d'ancrage

L'ancrage est un biais cognitif bien connu. Si on vous demande si Napoléon avait plus de 80 ans à sa mort, vous risquez de donner un âge plus élevé que si la question initiale avait évoqué son décès à 40 ans. Dans les affaires, nous sommes influencés par le prix de départ affiché. Ainsi, en cas de recrutement d'un joueur, faire une offre le premier permet d'ancrer un chiffre dans la négociation. À l'inverse, si vous recevez une offre que vous estimez indigne d'un de vos joueurs, vous pouvez surjouer et sortir de la négociation en claquant la porte. Les psychologues Adam Galinsky et Thomas Mussweiler vous conseilleraient plutôt de rechercher des arguments luttant contre l'ancre. En évoquant par exemple l'historique de transferts comparables. Un peu comme lors d'une acquisition d'entreprise, un dirigeant regarde un multiple d'EBE [41] pour avoir une idée de la fourchette du prix à payer.

Principe n° 6 : Empêcher l'ego et l'affect d'entrer dans la négociation

Dans les négociations entre clubs, il vaut mieux éviter de rentrer dans des batailles d'egos. Ceci est d'autant plus important que les particularités de ce secteur les exacerbent. Le mercato est le moment de l'année où les dirigeants de club sont le plus tentés de montrer aux autres de quoi ils sont capables, surtout s'ils se connaissent. Pour éviter cela, il convient de choisir le négociateur le moins à même de rentrer dans cette logique. L'affect peut aussi apparaître si la discussion tourne autour d'un montant de transfert inférieur à l'ancien prix d'achat. C'est ce qu'on appelle le « biais d'aversion à la perte ». Nous sommes généralement plus affectés par la perte que par le gain [42]. Un dirigeant pourra se référer au montant investi par

41 Excédent brut d'exploitation dans un compte de résultat d'une entreprise.

42 « Erreurs de jugement, perceptions erronées... apprenez à reconnaître vos "biais cognitifs" », Coralie Hancok, *Science & Vie*, n° 1 145, février 2013, p. 118.

le passé plutôt qu'à la valeur réelle d'un joueur. Pour contrer cela, il faut réussir à convaincre son interlocuteur que le prix antérieur n'a pas de lien avec la valeur actuelle, même s'il est parfois psychologiquement douloureux de l'accepter.

Principe n° 7 : Tenir son rôle de conducteur de véhicule

La responsabilité du déploiement de la feuille de route ne devrait incomber qu'à une personne, sinon il y a un risque d'agir de façon désorganisée. Celle-ci sentira quand solliciter les différentes parties prenantes pour faire avancer les dossiers. Elle contactera éventuellement la presse pour réaffirmer la position du club à l'égard d'un joueur. C'est cette personne qui s'assurera que le club est prêt à réagir à toute éventualité si une offre au-dessus du prix du marché apparaît subitement. Elle communiquera régulièrement sur l'avancée des dossiers. C'est le rôle du conducteur du véhicule de tenir le volant, gérer les vitesses et solliciter de l'aide à la navigation s'il l'estime nécessaire.

Un club en bonne santé financière sera moins tenté de lâcher prise durant la vente d'un de ses joueurs. Avoir des finances saines permet de créer un cercle vertueux, de maximiser le montant de transfert généré et de participer au renforcement des finances du club. Cette situation ne se décrète pas et se construit sur la durée.

Lorsque le premier mercato de Ligue 2 s'acheva, le FC Lorient avait débuté sa saison depuis plus d'un mois. Le championnat démarrait bien, puisqu'au bout de sept journées nous étions leaders de Ligue 2 avec 17 points et un rythme de 2,4 points par match, ce qui était très élevé.

Je découvrais durant cette période les ressorts de la performance et je me rendais compte de la complexité à mettre un projet sportif en place. Cette étape me permettait de mieux appréhender pourquoi il est parfois si difficile pour de brillants chefs d'entreprise de réussir dans ce secteur.

6

LE FOOTBALL, BIEN PLUS COMPLEXE QUE PRÉVU

L'ILLUSION DE LA SIMPLICITÉ

Un premier accroc

Lors de la huitième journée de Ligue 2 de la saison 2017-2018, nous affrontions l'AJ Auxerre à l'extérieur. C'était un match en semaine et, pour préserver les forces de l'effectif, Mickaël Landreau avait décidé de laisser au repos certains joueurs titulaires. Nous avions également modifié notre dispositif de jeu avec trois défenseurs alors que nous avions joué avec quatre défenseurs les matchs précédents. Le match était assez équilibré, mais sur un tacle mal maîtrisé, Mattéo Guendouzi fut expulsé en fin de première mi-temps. La deuxième mi-temps était fermée et l'AJ Auxerre ouvrit le score sur un corner à la 63e minute. Le match s'acheva sur le score d'un à zéro et c'était le premier accroc de notre saison.

Il est facile d'avoir un avis sur un match de football, un joueur, une équipe ou un entraîneur. Mais il est bien plus difficile de savoir si cet avis est pertinent ou de s'interdire d'exprimer un point de vue. Cela est encore plus vrai si cela concerne votre métier ou votre passion. Après une défaite, il y a bien plus de questionnements et d'avis qu'après une victoire. Il suffit de regarder le nombre de commentaires sur les réseaux sociaux pour voir que ceux-ci grimpent en flèche après un mauvais résultat. Et ceci est vrai aussi à l'intérieur du club.

Après le match contre l'AJ Auxerre, nous pouvions tous avoir un avis sur les raisons de la défaite. Pour certains, l'expulsion de Mattéo Guendouzi aurait été le tournant du match. Pour d'autres, c'était le nombre trop important de changements dans l'équipe ou la modification tactique avec trois défenseurs derrière alors que le système précédent avait fait ses preuves.

Tous ces constats avaient leur logique qui semblait tenir. Mais rien ne nous dit qu'en démarrant avec l'équipe de titulaires habituels, sans changer de dispositif tactique et en évitant l'expulsion, nous n'aurions pas perdu ce match.

Le résultat d'un match, peu fiable, mais très impactant

Le principal juge de paix sur la performance sportive est le résultat d'un match. Pourtant, le football a la particularité d'être un sport où il y a peu de buts par match. Ce n'est pas forcément l'équipe qui se procure le plus d'occasions qui gagne. Ce n'est pas par hasard si chaque but dans le football est fêté de façon aussi expressive par rapport à d'autres sports. Alors que dans le football, il y a en moyenne moins de trois buts marqués par match, dans la plupart des autres sports, la moyenne de points dépasse les deux chiffres. En NBA, ce sont plus de 100 points inscrits par équipe en moyenne par match.

Dans le livre *The Numbers Game, Why Everything You Know About Soccer is Wrong*, Chris Anderson et David Sally ont analysé le taux de succès d'équipes ayant été annoncées comme favorites par les sites de paris sportifs sur plusieurs sports en 2010-2011. Tandis que dans le football, l'équipe favorite l'emporte un peu plus d'une fois sur deux, dans d'autres sports ce taux atteint 70 %, comme le montre le graphique suivant. Il y a donc, sur un match de football, un facteur chance élevé. Comme disait Peter Krawietz, un membre du staff de Jurgen Klopp au Liverpool FC, « le football est un jeu d'échecs, mais qui se joue avec un dé ».

Taux de succès des équipes données favorites par les sites de paris sportifs avant la réalisation des matchs

Saison 2010-2011 sur les championnats NBA, NFL, MLB, Handball Bundesliga et matchs des championnats du Big 5 du football ainsi que la Champions League

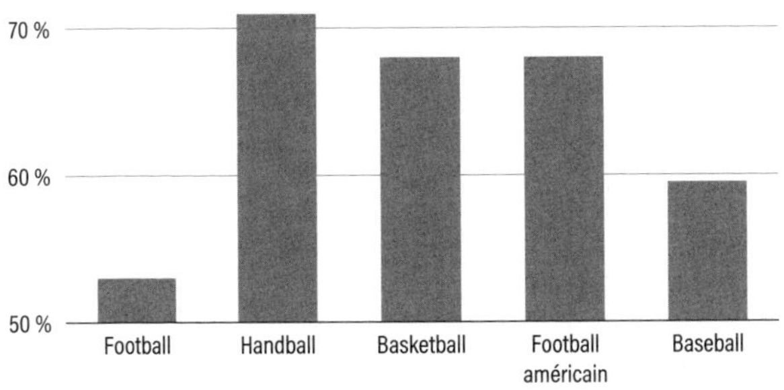

Source : *The Numbers Game, Why Everything You Know About Soccer is Wrong*, Chris Anderson et David Sally.

Lorsqu'une équipe favorite perd un match de football, ce n'est pas nécessairement parce que le match a été plus équilibré que prévu. C'est parce que la faible occurrence de buts augmente la probabilité d'un résultat ne reflétant pas les occasions obtenues par chaque équipe durant le match. L'équipe favorite s'est peut-être procurée beaucoup d'occasions sans réussir à les convertir tandis que son adversaire a marqué sur sa seule occasion.

On se rend compte que juger la performance d'une équipe sur le seul résultat d'un match n'est pas suffisant. Personne n'est à l'abri d'une série « statistiquement » extraordinaire de défaites ou de succès. Cette série peut être due à une performance intrinsèque ou à une anomalie statistique.

Sur la durée d'un championnat, on peut croire que tout cela s'équilibre et que finalement le facteur chance pèse peu. Il est certain que sur un échantillon dépassant 30 matchs par saison, la part de chance diminue au profit de la performance. Mais cet équilibrage ne signifie pas pour autant que le facteur chance a complètement disparu. Une place de différence au classement peut avoir des conséquences dramatiques pour un club. L'histoire d'une saison change drastiquement si vous finissez dix-huitième et premier relégable ou dix-septième du championnat. Une montée ou une qualification européenne se joue souvent à un point. Le classement sportif final donne généralement une bonne indication de la performance d'un club durant une saison. Mais ce n'est pas le reflet exact de sa performance et il est préférable de ne pas le surinterpréter même si ses impacts sont importants.

Il est bien complexe pour un dirigeant de club de piloter une activité si le principal indicateur, le résultat du match, n'est pas suffisamment représentatif du réel niveau de performance. C'est d'autant plus vrai que le résultat d'un match impacte la confiance et l'environnement autour du club. Même si un dirigeant de club doit interpréter un résultat avec recul, il ne peut pas se permettre d'en faire abstraction compte tenu de son importance. C'est un véritable exercice d'équilibriste.

La jungle des données

Le film *Le Stratège* sorti en 2011, basé sur le livre de Michael Lewis, *Moneyball, The Art of Winning an Unfair Game*, montra au grand public comment Billy Beane avait transformé la méthodologie de recrutement du club de baseball américain des Athletics d'Oakland en imposant l'utilisation des données. La méthodologie, communément appelée la « sabermétrie », consiste à avoir une approche analytique du baseball en identifiant des statistiques liées à la performance et en recrutant les joueurs en ce sens. Le classement sportif des Athletics d'Oakland surperforma régulièrement leur classement budgétaire durant le début des années 2000. En 2006, l'équipe possédait la vingt-quatrième masse salariale des trente équipes de baseball américaines, mais termina la saison avec le cinquième bilan de victoires/défaites. Au fur et à mesure, les autres clubs de baseball américain s'inspirèrent de ce qu'avait fait Billy

Beane à Oakland et intégrèrent l'utilisation de la sabermétrie dans leurs pratiques internes.

Plus largement, aux États-Unis, les approches analytiques sont naturellement incorporées dans les pratiques sportives. Que ce soit dans le basketball, le football américain ou le hockey sur glace, tous ces sports travaillent sur des indicateurs quantifiés depuis de nombreuses années afin de mieux analyser les facteurs de performance.

Dans le football, on observe des niveaux de maturité très disparates entre les clubs dans l'utilisation des statistiques. Le football est un sport en apparence simple, car il est facile à pratiquer et ses règles sont aisément compréhensibles. Mais il est en réalité d'une très grande complexité.

- Il existe moins de phases arrêtées dans le football que dans d'autres sports comme le football américain ou le rugby.

- Les dimensions du terrain sont bien plus grandes qu'au handball ou au basketball par exemple.

- Le nombre de joueurs sur un terrain est supérieur qu'au baseball, handball ou basketball.

- Le football se joue avec les pieds, à la différence de la majorité des autres sports. Cela rend le mouvement du ballon plus incertain.

- Le niveau d'interdépendance est élevé dans le football. Le ballon circule souvent dans les pieds de plusieurs joueurs avant de parvenir à l'attaquant. La coordination des joueurs est nécessaire pour récupérer un ballon. Il est plus simple de segmenter une performance individuelle dans le baseball.

- Plus de 90 % du temps durant un match, un joueur de football n'a pas le ballon dans ses pieds. Il n'empêche que selon ses appels ou son positionnement, son comportement influe sur sa performance et celle de ses coéquipiers.

Ces dernières années ont vu l'essor des statistiques dans le football. Les consultants de chaînes de télévision les utilisent régulièrement pour compléter leurs analyses. D'innombrables statistiques sont disponibles sur des sites comme www.whoscored.com ou www.squawka.com. Mais ces données n'ont d'intérêt que si elles ont un lien avec la performance.

Il est facile de se perdre dans cette jungle de données. Par exemple, Paolo Maldini serait un piètre défenseur si l'on estime que le nombre de tacles réalisés est un indicateur de performance. Pourtant reconnu comme l'un des meilleurs défenseurs de son époque, Paolo Maldini réalisa une moyenne de 0,56 tacle par match durant sa carrière. C'est pratiquement dix fois moins qu'un défenseur de Premier League aujourd'hui [43]. Son positionnement et son intelligence de jeu étaient tellement bons qu'il arrivait à anticiper les duels. Le tacle n'était utilisé qu'en dernier ressort.

Dans le football, la performance collective n'est pas la somme de performances individuelles indépendantes. Les statistiques sont le reflet de complémentarités entre les joueurs, d'un rapport de force sur un match ou d'un projet de jeu, données dont il serait bien dommage de ne pas exploiter tout le potentiel. Écarter, avec l'expertise appropriée, les données qui ne sont que du bruit. Avancer avec humilité, conscient de la complexité du football. Identifier progressivement des analyses pouvant enclencher un impact sur la performance. Tel est le difficile

43 https://the12thman.in/paolo-maldini-tribute/, février 2021.

défi d'un dirigeant de club s'il souhaite inculquer une culture rigoureuse à son organisation.

LA PERFORMANCE NE SE DÉCRÈTE PAS

Ne croyez pas que vos yeux

Le terme de performance est bien souvent utilisé mais il vaut la peine que l'on s'y attarde plus longuement. François Bigrel, dans son ouvrage *La Performance humaine : trois univers de compréhension*, y donne sa propre définition. Selon lui, chaque performance est unique car la situation dans laquelle elle se produit ne se déroule jamais de la même façon. Pendant un match de football par exemple, une action n'est jamais similaire à une autre car de nombreux paramètres rentrent en jeu comme le positionnement des adversaires et des coéquipiers, le type de ballon, la qualité du terrain, les conditions météorologiques, etc.

Il n'est donc pas possible de définir un schéma standard qu'il suffirait de reproduire pour maximiser la performance. La performance humaine est la conséquence d'un processus historique issu d'un travail à la fois individuel et collectif.

Cette définition implique que la performance d'un sportif est la résultante de son propre processus de développement. Ce processus n'est pas visible à l'œil nu. Lorsqu'on observe une performance, on la juge de façon visuelle selon ce qui se produit comme une passe réussie, un but, etc. C'est un constat. Ce jugement ne donne pas les clés d'amélioration de la performance ni du pourquoi de sa production. L'enjeu est avant tout de trouver les leviers pour comprendre puis impacter le processus de développement du joueur en aval. François Bigrel illustre le processus de performance de la façon représentée dans la figure suivante.

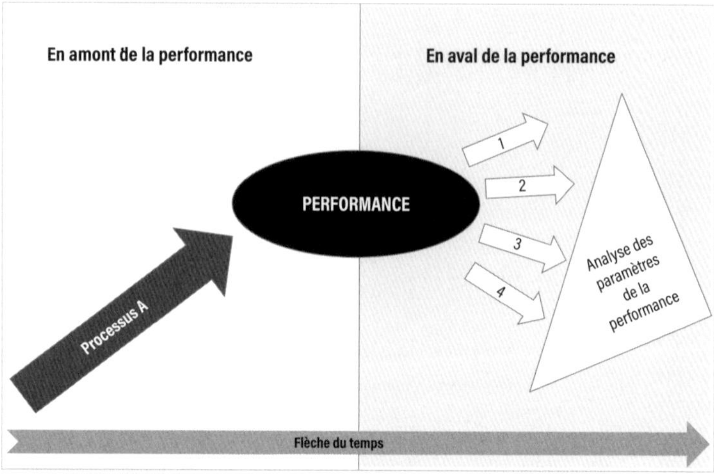

Source : François Bigrel, *La Performance humaine : trois univers de compréhension*, 2015.

Après une performance, se focaliser sur les constats visuels et sur l'analyse des paramètres de la performance effectuée en aval est trop restreint. Chaque situation de compétition est unique et c'est au joueur de trouver les solutions aux problèmes qu'il rencontre à chaque match. Raymond Kopa disait qu'il ne savait pas ce qu'il allait faire d'une seconde à l'autre quand il jouait [44].

La performance, ça se cultive

Certains croient que le talent est inscrit dans les gènes. On lit régulièrement dans la presse des articles abondant dans ce sens

44 François Bigrel, *La Performance humaine : trois univers de compréhension*, 2015.

comme « Le goût de la compétition, ça ne s'apprend pas[45] », « Bon sang ne saurait mentir[46] » ou « C'est inné[47] ».

Lorsque l'on se penche sur l'histoire des grands sportifs, on distingue toujours cette volonté insatiable de devenir meilleur et de se mettre en zone d'inconfort en travaillant sans relâche. L'image du seul talent inné ne correspond pas à la réalité. Si le Brésil et la région parisienne sont de très grands pourvoyeurs de talents sur la planète Football, ce n'est pas parce qu'il y a de meilleurs gènes sur ces territoires. C'est parce qu'il s'y pratique du football de quartier où les jeunes sont confrontés dès leur plus jeune âge à des oppositions plus âgées et plus dures.

Cela va bien au-delà du football. Selon une étude de l'Éducation nationale en France sortie en 2017, deux tiers des étudiants de la prestigieuse école Polytechnique sont issus de famille de cadres supérieurs. Seul 1 % vient de familles ouvrières. La culture dans laquelle l'enfant baigne façonne son devenir.

Anders Ericsson, psychologue suédois, a popularisé en 1990 la théorie des 10 000 heures : atteindre un niveau d'excellence dans une discipline, un art ou une technique, requiert beaucoup de temps. Un « temps » qui est désormais chiffré.

Cela ne veut pas dire que n'importe quel enfant peut devenir le meilleur grâce à un environnement favorable et à son travail. Nous avons des prédispositions dans certains domaines et moins dans d'autres. Mais ce qui est démontré par les chiffres est que les grandes performances sont essentiellement conditionnées par l'environnement et la quantité de travail fourni.

45 https://www.lequipe.fr/Tennis/Actualites/Bernard-giudicelli-les-top-100-n-ont-pas-besoin-de-la-federation/754280, février 2021.

46 https://www.lequipe.fr/Football-americain/Actualites/Foot-us-guillaume-rioux-bon-sang-ne-saurait-mentir/573395, février 2021.

47 https://www.lequipe.fr/Football/Article/Sur-les-traces-de-manuel-neuer/703831, février 2021.

Si l'environnement est propice, la suite appartient à l'individu. « L'endurance de la motivation » fait la différence entre la performance des individus, comme le précise Arsène Wenger.

En résumé : prédispositions + environnement propice
+ beaucoup de travail = fort potentiel de performance.

Pour permettre à un individu de s'améliorer, il est nécessaire de créer les conditions de sa responsabilisation. Dans le football, l'émergence d'une culture de responsabilisation ne peut pas se développer avec un entraîneur ayant une vision théorique de la performance et un schéma préétabli. Comme le décrit François Bigrel[48], dans un tel schéma, le joueur est un bon élève qui « accumule l'apprentissage des savoir-faire techniques en imaginant que quand il les saura tous, il accédera au statut de grand joueur ». Ces fonctionnements ne prennent pas en compte la complexité et l'unicité des situations de compétition et déresponsabilisent le joueur de sa propre performance.

Cette réflexion autour de la responsabilisation s'applique dans le management de n'importe quelle société. Un manager doit chercher à responsabiliser chaque membre de son équipe sur son propre parcours. Chaque salarié est l'architecte de sa performance. La société fournit des outils et des méthodes pour aider le salarié, et si sa performance s'élève, c'est également la performance de toute la société qui augmente.

Le dirigeant met du sens dans son action en réfléchissant en profondeur à son rôle afin de trouver les leviers permettant de responsabiliser ses équipes. Son rôle n'est pas de se substituer à l'entraîneur ou au directeur sportif. Son rôle exige un peu plus de hauteur et s'exprime sur un horizon de temps plus large. Il doit créer les conditions de la performance.

48 François Bigrel, *La Performance humaine : trois univers de compréhension*, 2015.

7

LES CONDITIONS DE LA PERFORMANCE SPORTIVE

PAS DE FAILLE

Une mission partagée

Il serait trop simplificateur de traiter l'ensemble des composantes créant des conditions de performance dans un seul chapitre. Cela n'est pas de la seule responsabilité d'un président ou directeur général de club. C'est une mission partagée avec le directeur sportif, l'entraîneur, les joueurs et les salariés d'un club. De nombreux entraîneurs ont publié des livres expliquant comment ils ont réussi à tirer le meilleur de leurs équipes et à obtenir des succès. Que ce soit de José Mourinho à Arsène Wenger dans le football ou Bill Walsh [49] dans le football américain, on a l'embarras du choix.

Je vais me focaliser ici sur le rôle d'un dirigeant de club. Ses choix, ses attitudes façonnent la culture de l'institution qu'il représente. S'il est exigeant et juste, les salariés du club auront une bonne image de l'institution. À l'inverse, des comportements maladroits, même ponctuels et peu perceptibles, créeront des failles dans la culture du club. C'est un rôle qui exige de la finesse et où les erreurs peuvent être commises sur le coup de l'émotion.

Le dirigeant est l'un des gardiens des conditions de la performance de l'institution. Toute faille identifiée devra être colmatée. Par exemple, s'il entend des salariés du club critiquer l'entraîneur ou les joueurs, il devra recadrer. S'il perçoit que le directeur sportif est moins solidaire de son entraîneur, il devra se saisir tout de suite de la situation et la traiter. Soit on pro-

49 Loïc Féry m'offrit le livre *The Score Takes Care of Itself : My Philosophy of Leadership*, Bill Walsh, Steve Jamison et Craig Walsh, Portfolio, 2010, car il trouvait que son contenu était particulièrement adapté à la compréhension de la performance sportive.

tège un entraîneur, soit on s'en sépare. Il n'existe pas de demi-mesure dans la quête de performance.

Le dirigeant saura rester à sa place et respecter le rôle majeur d'un entraîneur dans la mise en place des conditions de performance. Empiéter sur ses prérogatives serait générateur de tension et pourrait décrédibiliser l'entraîneur. C'est l'entraîneur qui, par ses standards de performance, anime et fait progresser au quotidien son effectif professionnel. C'est à l'entraîneur de définir un groupe de joueurs cadres et de s'appuyer sur ces derniers.

Les joueurs cadres ont également un rôle important dans les conditions de performance en étant souvent plus soucieux de l'intérêt collectif que du leur. En première ligne, ils ne cherchent pas à se protéger vis-à-vis des autres joueurs, mais à augmenter le niveau d'exigence de ceux-ci, quitte à être durs et mal perçus à certains moments.

Le rôle que peut avoir le dirigeant en ce sens est de rappeler l'importance de bons lieutenants dans un vestiaire de football. Le dirigeant connaît bien ce sujet, car son organisation administrative ne fonctionne pas différemment. Sans lieutenants, un dirigeant est esseulé et en première ligne. Ces lieutenants, imprégnés de la culture, influenceront le reste de l'organisation. C'est ainsi que progressivement, un dirigeant bâtit une armée pour déployer et protéger les conditions de la performance. Une mission partagée par tous.

En limitant les failles de l'organisation, le dirigeant encourage les salariés du pôle sportif ou administratif à se responsabiliser. Il devient alors plus difficile pour un membre de l'organisation de trouver des alibis pour justifier des contre-performances.

Les conditions de travail

La priorité d'un dirigeant est de mettre en place les conditions de travail pour que les membres de l'organisation se consacrent uniquement à leur performance. Si vous arrivez dans un nouveau job et que l'on vous fournit un ordinateur très lent, vous serez moins performant et maugréerez contre vos conditions de travail. Pour les joueurs de football, c'est la même chose. En 2009, cela avait été compris avec le projet de construction du centre d'entraînement du FC Lorient.

La décision de conserver tout le personnel en Ligue 2 avait notamment permis de maintenir la qualité des équipes médicales et d'intendance au service de l'effectif professionnel.

Le département médical n'est pas là que pour soigner des joueurs blessés. C'est avant tout un département qui participe à la bonne récupération des joueurs et à la prévention des blessures. Un bon joueur est un joueur qui joue. Le département médical est aussi un relais pour l'entraîneur, car les joueurs échangent souvent avec les kinésithérapeutes et médecins. Tout en respectant la confidentialité, ces derniers peuvent remonter certaines informations à l'entraîneur s'ils estiment qu'elles sont importantes. De plus, un médecin de club travaille en étroite collaboration avec le préparateur physique, en particulier au niveau de la réathlétisation des joueurs blessés. Un bon médecin de club, tout en ayant le souci de la protection des joueurs, doit encourager les joueurs à reprendre l'entraînement, même si ces derniers ont de l'appréhension. Son rôle est également important lors des visites médicales précédant un recrutement et il doit faire preuve de personnalité. Lorsque des millions d'euros sont en jeu et que les négociations sont sur le point d'être clôturées, l'aval du médical est indispensable avant de valider l'arrivée d'un joueur. Il peut être bien frustrant d'arrêter un transfert tout proche du but. Cela nous était arrivé durant un mercato et c'était une situation humaine difficile à gérer pour le joueur concerné. Mais c'était un mal pour un bien.

L'intendance permet aux joueurs de se concentrer sur leur performance sportive sans se soucier du reste. Cela concerne par exemple la laverie avec des équipements disponibles avant chaque entraînement et match. De nombreux clubs ont un team manager en charge des besoins des joueurs. Chaque joueur a des besoins spécifiques et une approche de la compétition différente. Le sens de l'anticipation et la proactivité d'un team manager évitent les petites contrariétés qui pourraient être causés, par exemple, par un nombre insuffisant de parkas pour les remplaçants ou l'oubli de maillots de rechange à la mi-temps s'il pleut.

D'autres dimensions participent à la mise en place de bonnes conditions de travail. La sollicitation des joueurs et du staff technique pour des événements commerciaux et les opérations de communication en fait partie. Les équipes administratives doivent veiller à ce que la nécessaire participation des joueurs à certains événements ait un impact limité sur leur activité sportive. C'est un équilibre à trouver qui peut générer de la tension si la coordination est défaillante.

Des processus de suivi

De bonnes conditions de travail sont un prérequis pour la performance. Mais en cours de route, des failles peuvent apparaître, totalement imprévisibles, ayant un impact négatif sur la performance. Cela peut être une non-prolongation d'un joueur clé de l'effectif, un jeune du centre à fort potentiel qui n'a pas l'opportunité de s'entraîner avec l'équipe première, un joueur ayant commis un écart de conduite sans être sanctionné, etc.

Au début de la saison 2017-2018 apparurent des situations où je dus réagir dans la précipitation, en concertation toutefois avec les équipes du pôle sportif. Pour faire face à ces situations, je pouvais m'appuyer sur ce que j'avais mis en place avec le pôle administratif.

Sur la dimension administrative, j'avais mis en place un *reporting* mensuel à compléter par les départements. Ce *reporting* était revu au sein d'un comité administratif mensuel réunissant le directeur financier et le directeur du développement. Ensuite, un département que je sélectionnais un mois à l'avance venait présenter l'état d'avancement de ses initiatives et nous échangions sur ce qui pouvait être optimisé et en quoi je pouvais aider.

Ce type de processus est rare dans le milieu sportif. D'un œil externe, cela peut paraître surprenant. Il est en effet assez naturel de tenir régulièrement un comité de direction dans des entreprises. Les sociétés ont des conseils d'administration, des réunions d'équipe, des réunions de projet, etc. Mais dans le football, ce type de processus est plus inhabituel.

La visibilité qu'a un entraîneur professionnel dépasse rarement l'issue de la saison. Cette caractéristique ne favorise pas la construction d'une relation de travail stable entre les membres d'une direction sportive se sentant animés par l'élaboration d'un projet club sur la durée. Un club de football peut fonctionner avec des départements évoluant en relative autarcie sans que cela soit perçu comme un dysfonctionnement.

L'entraîneur est avec son staff dans les bureaux ou sur le terrain d'entraînement, focalisé sur son groupe professionnel et le prochain match. Ses horaires de travail ne sont pas ceux des équipes administratives.

Le directeur du centre de formation est également sur les terrains, en réunion avec les éducateurs ou au centre d'hébergement des jeunes joueurs. Il supervise aussi le recrutement des joueurs susceptibles d'intégrer le centre de formation.

Le directeur sportif, en charge de la cellule de recrutement, supervise les futures cibles et est très régulièrement en relation avec des agents pour les négociations de contrat. Il échange régulièrement avec l'ensemble des membres du pôle sportif, mais dans un cadre souvent informel.

L'effectif professionnel d'un certain nombre de clubs s'entraîne sur un site différent que celui du centre de formation. Les bureaux administratifs sont parfois éloignés des terrains d'entraînement. Un club de football est une PME où les équipes peuvent être éparpillées sur plusieurs sites.

À cela, il convient d'ajouter que les codes de fonctionnement des personnels du pôle sportif diffèrent de ceux du département administratif. Le pôle sportif est généralement constitué d'anciens joueurs de football ou de professeurs de sport. Les réflexes professionnels que l'on peut acquérir dans le monde de l'entreprise ne sont pas toujours présents dans le pôle sportif, si bien que ses membres peuvent au premier abord ne pas mettre du sens à la mise en place de processus formels de suivi d'activité et des plans à long terme.

Je mis en place dès l'été 2017 un comité sportif dans la lignée de ce que j'avais fait côté administratif. Il n'y aurait pas de *reporting* spécifique, mais les comités se tiendraient tous les quinze jours avec un ordre du jour défini en amont. Ce comité sportif réunirait l'entraîneur, le directeur sportif, le directeur du centre de formation et moi-même.

L'ordre du jour était complété selon les demandes de chaque membre du comité et pouvait traiter aussi bien de prolongation de contrat, de l'organisation du centre de formation ou de la gestion d'un problème de comportement. Ce comité sportif n'avait pas pour but de débriefer du dernier match joué ou de commenter la performance de tel ou tel joueur. À l'issue des comités je rédigeais un compte-rendu que j'envoyais à tous.

Ce comité sportif s'avéra être un processus simple, mais précieux par sa capacité à façonner la culture du club autour de la performance. Parmi ses intérêts multiples, les plus structurants furent les suivants :

- **Le partage d'information.** La circulation des informations sur ce qui se passe au sein du pôle sportif n'est pas naturellement fluide. Nous apprenions souvent des choses importantes en retard, voire parfois par hasard. Certains d'entre nous pouvaient n'avoir qu'une version parcellaire et biaisée de l'information et dans le pire des cas les informations n'étaient pas partagées. Savoir qu'un de nos joueurs vit une situation personnelle difficile permet de comprendre une baisse de sa performance et donne la possibilité à tous de l'accompagner au mieux. Un joueur du centre de formation ayant eu un écart de conduite doit être sanctionné rapidement. S'il y a du retard dans la sanction un sentiment d'impunité peut apparaître et l'institution club n'est pas protégée. Ce comité sportif était le lieu adapté pour partager les informations et nous donnait une meilleure compréhension des personnalités et des situations de vie des salariés sportifs.

- **L'alignement de la direction sur les décisions prises.** Le comité sportif était le lieu pour débattre et prendre les décisions. La diversité des profils permettait de construire la décision qui nous semblait la plus judicieuse quand, *in fine*, je devais trancher. Et lorsque celle-ci était prise, on s'y tenait, tous les membres de la direction parlaient d'une seule voix.

- **L'anticipation des situations.** Réfléchir suffisamment tôt sur la prolongation de certains joueurs ou l'intégration d'autres dans le groupe professionnel fait une grande différence dans la gestion d'un effectif. Laisser par exemple un joueur à fort potentiel de revente arriver à sa dernière année ou au terme de son contrat peut coûter des millions d'euros à l'entreprise. Le comité sportif était l'organe permettant de faire le point sur l'effectif et de décider du *GO/NO GO* sur des signatures de contrat. J'ai en souvenir la situation de Loïc Badé, un athlétique défenseur qui, après dix matchs effectués avec l'équipe professionnelle du Havre en Ligue 2 française lors de la saison 2019-2020, quitta son club librement et alla signer au RC Lens en juin 2020. Si Le Havre avait fait signer à Loïc Badé un contrat professionnel avant de le faire jouer et de l'exposer avec l'équipe professionnelle, l'indemnité de transfert aurait été de plusieurs millions d'euros[50].

- **Le renforcement de la cohésion interne.** Le partage d'informations, les débats autour des décisions à prendre, l'anticipation des situations renforcent le sentiment d'appartenance et la satisfaction du travail en équipe. C'était aussi l'opportunité de mieux comprendre le métier de chacun et de se mettre à la place de l'autre. L'entraîneur étant partie prenante de l'ensemble du projet club et n'étant plus seulement focalisé sur son groupe professionnel avait une vision plus large dans laquelle il se sentait concerné. Ce processus faisait sens pour les membres du pôle sportif comme pour ceux du pôle administratif, et tous prenaient ainsi conscience qu'ils avaient beaucoup à apprendre les uns des autres.

50 Loïc Badé fut transféré du RC Lens au Stade rennais pour une indemnité supérieure à 16 millions d'euros au mercato d'été 2021.

De bonnes conditions de travail et des processus internes de concertation renforcent l'organisation. Mais la vie d'un club est aussi faite d'émotions, d'attitudes, de paroles. Dans des situations où il faut réagir immédiatement, le comportement du dirigeant façonne aussi la culture de son organisation.

LE COMPORTEMENT DU DIRIGEANT DE CLUB

Protéger en se maîtrisant

Régulièrement, lorsque j'avais de mauvaises sensations avant un match, nous faisions un bon résultat. Et l'inverse était aussi vrai. Lorsque le staff me disait que la séance d'avant-match avait été excellente ou que l'échauffement était très tonique, je me méfiais. Un ressenti d'avant-match est souvent trompeur. Après une défaite, il y a peu de sourires et plus de questions. Lorsque l'on regarde les prochaines équipes restant à affronter, on voit une montagne se dresser devant soi et on ressent que la tâche sera difficile.

Dans ces moments, l'entraîneur subit une forte pression. Ses paroles et attitudes sont épiées, il doit rester maître de ses émotions et jongler avec différentes tâches. Les joueurs, également, ressassent la situation. La confiance qu'ils ont en eux, en leurs équipiers ou dans le staff peut être ébranlée.

Nous avons vu que la performance d'un match ou d'une série de matchs n'est pas complètement maîtrisable et qu'il faut aussi de la réussite. Cette réussite est une somme de confiance et de chance. La confiance génère de la chance, la chance génère de la confiance.

Un dirigeant est dans son rôle lorsqu'il apprend à gérer des situations à forte charge émotionnelle. En contrôlant ses émotions et pulsions, il protège son entraîneur, son staff et ses joueurs. Il protège son club.

Pour protéger, un dirigeant transmet de la confiance et est le premier garant de la solidarité. La confiance, la solidarité, ce sont des faits, des actions. Les situations d'après-match sont des moments où le niveau d'émotion est élevé et le comportement d'un dirigeant peut avoir beaucoup d'impact. Positif comme négatif. Ce comportement peut s'exprimer de façon très visible ou *a priori* anodine. Pour illustrer mes propos, quelques exemples ci-dessous :

- **Ne pas changer ses habitudes**, à chaud, selon le résultat du match. Si on a l'habitude d'aller dans le vestiaire et de taper dans la main de chacun des joueurs à la fin du match, il vaut mieux le faire quel que soit le résultat. Cela ne veut pas dire que l'on est satisfait de la performance de l'équipe. Cela veut juste dire que l'on gagne ensemble et que l'on perd ensemble.

- **Garder la même attitude vis-à-vis de l'entraîneur** et de son staff. Ne pas les assaillir de questions après une défaite ou convoquer une réunion d'urgence. Ce n'est pas le moment et ce n'est pas solidaire :

    - À l'issue des matchs, l'entraîneur doit gérer le groupe, la presse, et parfois adapter son programme. La direction peut fort bien organiser un point d'échange hebdomadaire avec son entraîneur, hors jour de match, selon une fréquence indépendante des résultats, mais après les matchs, ce n'est pas le moment.

    - Le staff n'est pas moins touché que la direction après une défaite. Bien au contraire, car ses membres ont conscience de la précarité de leur poste. La direction doit faire en sorte de les mettre dans les meilleures conditions de confiance.

- Une direction avertie sait que la réussite joue un rôle dans le résultat d'un match. Elle sait également qu'il convient de se méfier de l'impression visuelle. Elle a l'humilité de reconnaître que pour se forger une véritable opinion, il vaut mieux laisser le temps au staff de réaliser une analyse à froid.

Un dirigeant agit aussi en faisant peu. Il protège en réfrénant ses envies, ses émotions. Faire, c'est parfois ne rien faire. En particulier après les matchs.

Protéger en s'exposant

Un dirigeant peut profiter de situations difficiles pour renforcer l'unité d'un club, comme a pu le montrer ces dernières années Jean-Michel Aulas, le président de l'Olympique lyonnais.

L'attitude de Jean-Michel Aulas lorsque son équipe avait une crise de résultats et que ses joueurs étaient attaqués médiatiquement est une bonne illustration du « protéger en s'exposant ». Au lieu de se cacher ou de pointer du doigt des insuffisances individuelles, Jean-Michel Aulas prenait régulièrement les devants en allant s'exprimer. Il défendait bec et ongles ses joueurs ou son entraîneur. Il détournait l'attention en accusant l'arbitrage, le club adverse ou les instances du football. Sa façon de procéder pouvait agacer en externe et ne renvoyait pas forcément une bonne image de lui. Mais il s'exposait pour protéger son club, comme l'illustre l'épisode où Nabil Fekir railla les supporters stéphanois lors du derby remporté 5-0 par l'Olympique lyonnais en novembre 2017. Sur le cinquième but de l'OL, Nabil Fekir enleva son maillot avant de le brandir en direction du « kop » stéphanois. Son geste déclencha l'ire d'une partie des supporters, qui envahirent le terrain et provoquèrent l'interruption du match. Dans le couloir menant au vestiaire, l'entraîneur rhodanien, Bruno Génésio, fustigea l'attitude de son joueur qui n'aurait pas dû provoquer les supporters de l'AS Saint-Étienne. Quelques minutes plus tard, virement de bord à 180 degrés avec Jean-Michel Aulas qui pointa du doigt le comportement des supporters stéphanois et estima qu'ils étaient les seuls responsables des événements. Bruno Génésio changea immédiatement son discours et se mit à défendre également Nabil Fekir. Jean-Michel Aulas venait de transformer une situation difficile pour l'un de ses joueurs en une occasion de le protéger. Il montrait que le président, et donc l'institution, faisait bloc pour le défendre. Il est probable que Jean-Michel Aulas eut une discussion en tête-à-tête avec Nabil Fekir pour lui reprocher ce qu'il avait fait. Mais en s'exposant dans ces situations, il réussissait à protéger ses troupes et renforçait le sentiment d'appartenance à l'Olympique lyonnais.

Dans un club de football, les relations humaines sont au centre de tout et la performance est fragile. L'entraîneur, le staff, les joueurs et l'ensemble des salariés doivent se sentir en confiance et se savoir protégés dans les moments difficiles. Laisser les sportifs évoluer dans la sérénité et la stabilité sans être absent. Ne pas réagir à chaud après une défaite, mais ne pas non plus donner l'impression que perdre n'est pas grave. Accepter qu'il faille une part de chance pour gagner, tout en développant un état d'esprit de compétiteurs. Trouver le juste milieu est complexe et nécessite une vraie intelligence des situations qui se renforce avec le temps et avec la connaissance de ses joueurs. La stabilité, mais pas l'immobilisme.

Au FC Lorient, je pense avoir fait à certains moments ce qu'il ne faut pas faire. Mon sang sud-américain y a contribué. Maîtriser, par exemple, mon expression corporelle dans le vestiaire après une défaite, ne pas montrer mon désarroi, était un défi. Au début de notre collaboration, il m'est arrivé de harceler de questions Mickaël Landreau assis à mes côtés pendant tout un vol retour vers Lorient après une défaite. Le plus important pour un dirigeant de club est de comprendre les raisons de ses erreurs pour éviter qu'elles ne se reproduisent. Durant mes années au FC Lorient, ce fut un perpétuel questionnement pour m'améliorer chaque jour. Le processus de performance d'un dirigeant n'est pas différent de celui d'un joueur. La culture de responsabilisation passe aussi par une analyse de sa propre performance sans chercher des excuses.

Un dirigeant doit identifier les situations qui le mettent en zone d'inconfort. L'aspect médiatique est un bon exemple. Les médias ne doivent pas être perçus comme une contrainte par un dirigeant. Pour certains, cette exposition médiatique, c'est entrer en zone d'inconfort, car les critiques peuvent heurter. Un dirigeant doit affronter cela et apprendre à dissocier le professionnel du personnel tout en prenant du recul. Communiquer en externe de façon stratégique fait partie du rôle du dirigeant d'un club s'il ne souhaite pas transiger dans la mise en place des conditions de la performance. Protéger en se maîtrisant. Protéger en s'exposant.

Avoir une parole impeccable

Au-delà des situations d'après-match, un dirigeant est amené à avoir de nombreux échanges avec les membres de l'organisation. Dans un club de football, il y a les contrats écrits, mais aussi beaucoup d'engagements oraux.

Miguel Ruiz, dans son best-seller *Les Quatre Accords toltèques*, publié en 1997, fait état de quatre accords que nous devrions conclure avec nous-mêmes afin d'aborder notre vie de façon plus libre et heureuse. Un de ces accords me semble adapté dans le management d'une entreprise et dans un club de football. Il s'agit de celui-ci : « Que votre parole soit impeccable. »

La qualité de parole d'un dirigeant est un élément indissociable de la culture d'une organisation et de la mise en place des conditions de performance. La gestion contractuelle des joueurs est un exemple reflétant l'importance de la parole d'un dirigeant de football, et donc de l'institution.

Le club de Lorient a la réputation d'être dur en négociations. C'est un avantage psychologique, car il situe immédiatement le rapport de force avec un club intéressé par l'un de ses joueurs. Ne pouvant se hisser au niveau des autres clubs avec ses seuls revenus issus de la billetterie ou du sponsoring, le FC Lorient doit réussir à combler son retard budgétaire par sa capacité à valoriser ses meilleurs joueurs sur le marché des transferts.

Plusieurs joueurs passés au FC Lorient ont évolué ensuite dans de grands clubs européens. Laurent Koscielny à Arsenal, Kevin Gameiro à Séville, Vincent Aboubakar à Porto ou plus récemment Raphael Guerreiro au Borussia Dortmund.

Pour les joueurs et les agents, ce positionnement est à double tranchant. D'un côté, ils savent que le FC Lorient est un très beau tremplin de carrière si la performance sportive est au rendez-vous, mais d'un autre, ils savent que les discussions de sortie généreront probablement un peu de tension.

Lors de notre première saison en Ligue 2 en 2017-2018, nous avions un jeune issu du centre de formation qui évoluait dans le groupe professionnel et faisait forte impression. Ce joueur, Alexis Claude-Maurice, était en fin de contrat en juin 2020. Il lui restait donc deux ans et demi de contrat. Il n'était pas encore titulaire, mais nous étions unanimes sur le fait qu'il allait s'imposer dans l'effectif. Il fallait le préparer progressivement lors de cette saison pour qu'il puisse exploser au plus haut niveau lors de la saison 2018-2019. Sans modification de sa situation contractuelle, il aurait donc été à un an de la fin de son contrat en juin 2019.

Il est quasiment impossible pour un club de Ligue 2 de garder un jeune joueur de 20 ans ayant effectué une très bonne saison. Des clubs de Ligue 1 ou étrangers se positionnent et il est naturel que le joueur sollicité ait envie de se confronter à un niveau supérieur.

Si je vous propose d'aller travailler dans une entreprise plus prestigieuse que votre société actuelle, de rajouter un zéro à votre fiche de paie et d'être entouré des meilleurs dans votre domaine, vous n'allez probablement pas hésiter bien longtemps avant de remettre votre lettre de démission. Et s'agissant des footballeurs, ils hésitent d'autant moins que leur carrière est bien plus courte que celles du monde de l'entreprise.

Alexis Claude-Maurice et son agent pouvaient donc avoir un intérêt à ne pas prolonger le contrat et attendre la fin de la saison 2018-2019. Ils auraient été en position de force pour discuter de la sortie, car le FC Lorient prenait le risque, si les négociations n'aboutissaient pas à l'été 2019, de voir le joueur partir libre au 30 juin 2020.

L'intérêt pour Alexis Claude-Maurice de prolonger était de bénéficier d'une augmentation significative de salaire. Mais le joueur et son agent savaient bien que cette augmentation n'était pas grand-chose par rapport au contrat qu'il pourrait obtenir dans un autre club s'il confirmait son potentiel. Cependant, Alexis Claude-Maurice et son entourage souhaitèrent reconnaître le travail de formation du FC Lorient, et la façon de saluer ce travail était de permettre au club de réaliser une bonne vente lorsque le joueur serait amené à quitter le club.

Je tiens à insister sur ce dernier point, car l'image renvoyée du football aujourd'hui n'est pas toujours positive et tourne beaucoup autour des sommes élevées qui circulent. Pourtant, la reconnaissance par un joueur et son entourage du travail du club lui ayant permis de saisir son potentiel est bien plus répandue que ce que l'on imagine. La prolongation d'Alexis Claude-Maurice en est un exemple et il y en a bien d'autres. La relation humaine qui se crée entre un club, le joueur, sa famille et son agent est fondamentale et participe à la création des conditions de performance.

Avant de signer sa prolongation de contrat en mars 2018 [51], le joueur et son agent nous demandèrent une chose : un accord moral pour qu'Alexis Claude-Maurice ait un bon de sortie à l'été 2019 s'il faisait une bonne saison 2018-2019 et si le club ne parvenait pas à remonter en Ligue 1. Il était légitime de lui accorder ce bon de sortie, car c'était dans la logique de sa carrière de quitter le club à l'été 2019 [52]. Cet accord moral ne pouvait pas être écrit. Le club aurait donc pu ne pas le respecter un an et demi plus tard. Mais si nous n'avions pas tenu parole, cela aurait eu d'autres impacts négatifs :

- Saper la relation de confiance entre le club et Alexis Claude-Maurice et son entourage.

- Impacter la performance sportive d'Alexis Claude-Maurice.

- Impacter l'atmosphère de l'effectif par effet collatéral sur ses coéquipiers.

51 https://fclweb.fr/alexis-claude-maurice-prolonge-jusquen-2022/, février 2021.
52 https://www.letelegramme.fr/football/fc-lorient-ou-en-est-alexis-claude-maurice-15-08-2019-12361495.php, février 2021.

- Complexifier des discussions contractuelles avec d'autres joueurs du centre de formation ou du groupe professionnel à cause du mauvais signal envoyé.

- Réduire les possibilités de recrutement de joueurs à potentiel à cause de la réputation du club.

- Décrédibiliser la parole de la direction et par ricochet l'autorité de l'institution.

Nous n'avions pas fixé de prix de départ ou dit que le joueur pourrait partir au début du mercato. Les règles étaient claires : le club devait également s'y retrouver dans le montant du transfert. Nous n'avions donc pas promis que le mercato ne générerait pas de tensions. D'expérience, j'avais même pris l'habitude de prévenir le joueur qu'il y aurait des moments de tension à venir, mais que ceux-ci faisaient partie d'une carrière et que nous avions tous intérêt à travailler en transparence.

Cette situation se confirma d'ailleurs une année plus tard, durant l'été 2019. Après plusieurs semaines de négociation et des discussions parfois un peu âpres, Alexis Claude-Maurice quittait le FC Lorient pour rejoindre l'OGC Nice. Le club avait tenu parole, car non seulement le bon de sortie avait été respecté, mais il y avait aussi eu des moments de tension !

Il y a bien d'autres situations où la qualité de parole est essentielle dans un club de football. Donner un *feedback* direct à un salarié administratif n'est pas toujours simple, mais donner un *feedback* à un footballeur professionnel est encore plus difficile.

Le footballeur professionnel a conscience de son rôle central dans un club. Il détient les clés, avec ses coéquipiers, de la performance sportive. Il sait également qu'il a une valeur économique pouvant représenter à elle seule une grande partie du budget du club.

Dans le monde de l'entreprise, si un salarié se dresse face à son responsable hiérarchique en faisant preuve d'insubordination, il est généralement rapidement mis à pied et licencié. Dans un club de football, les choses sont plus complexes et il faut chercher à satisfaire les demandes d'un joueur pour qu'il exprime pleinement son potentiel sans pour autant lui laisser croire qu'il est au-dessus de l'institution qui l'emploie.

En interne, la parole du dirigeant doit rester rare. Et lorsqu'elle a lieu, elle doit être percutante et authentique. Être direct, sans forcément chercher à être apprécié. Cela peut sembler évident, mais ce n'est pas toujours le cas. Faire un *feedback* à Cristiano Ronaldo est moins facile qu'à un salarié d'une entreprise. S'exprimer devant le vestiaire de joueurs de Chelsea est plus intimidant que parler à ses équipes administratives. Il existe le risque de mettre trop de formes et de manquer d'assurance.

Pourtant, un joueur de football est habitué depuis son plus jeune âge à se prendre des coups et à être confronté à une concurrence féroce. Devenir footballeur professionnel est réservé à une minorité de joueurs qui, pour arriver à ce niveau, ont dû faire preuve de beaucoup de force de caractère et de persévérance. Le joueur saura distinguer des paroles dures, mais justes, d'un discours de complaisance. Peu importe comment il le prend sur le moment et s'il vous en veut ou pas. Si vous le faites, c'est pour protéger l'institution, mais également pour donner au joueur la possibilité de progresser. Sur la durée, non seulement vous gagnerez en autorité, mais vous serez respecté pour cela. En procédant de la sorte, vous agirez également comme un paratonnerre pour votre entraîneur, en faisant front commun avec lui.

La légitimité s'acquiert avec le temps. Selon votre parcours ou votre poste au club, elle s'obtiendra plus ou moins rapidement. Dans la culture populaire, on a parfois l'image du dirigeant arrivant en furie dans un vestiaire pour « taper du poing sur la table ». Cette image donne l'impression d'un fort leadership. Roberto Carlos, ancien arrière gauche du Brésil et du Real Madrid disait pourtant : « Quand on tape du poing sur la table, soit on se casse la main, soit on casse la table. Il ne se passe rien d'autre. » Est-ce que cela veut dire qu'un dirigeant ne doit jamais agir énergiquement ? Non, pas forcément. Mais cela se construit. Cela se construit en bonne intelligence avec son entraîneur. Cela se construit si l'on a acquis une légitimité au préalable auprès d'un groupe de joueurs.

Le rôle d'un dirigeant de club est ingrat et souvent invisible de l'extérieur. Il ne devrait pas chercher à être aimé, mais à être juste. Il ne devrait pas dire tout le temps « oui », mais bien souvent « non ». Il ne devrait pas chercher l'harmonie à tout prix, mais l'exigence à tout instant. Il ne devrait pas chercher à se protéger, mais à protéger. Il est le garant du fonctionnement et des valeurs du club et doit faire preuve d'exemplarité dans sa parole, dans ses gestes. C'est avec cette attitude que se forgent progressivement les conditions de la performance.

Ces conditions de performance participent à l'émergence d'une culture de responsabilisation. Cette culture se construit aussi sur la bonne compréhension de l'identité du club et des valeurs de son territoire.

LA CULTURE DE RESPONSABILISATION

La mission de l'organisation

La culture de responsabilisation émerge lorsque les individus mettent du sens dans ce qu'ils font. Cette quête de sens, l'impression de participer à quelque chose qui nous dépasse sont des sentiments qui nous élèvent. Steve Jobs débaucha John

Sculley de Pepsi-Cola pour Apple en 1983 en prononçant cette célèbre phrase : « Vous comptez vendre de l'eau sucrée toute votre vie ou vous voulez changer le monde avec moi ? » La mission historique de Disney était de « rendre les gens heureux ». La mission doit inspirer les gens. Si la mission de Disney était de « faire les meilleurs dessins animés », alors cela aurait été moins engageant.

Dans le sport, la mission est tout aussi importante. « Gagner le plus de matchs possible » n'est pas une mission inspirante et différenciante. C'est comme si nous disions « faire le plus important chiffre d'affaires ». « Laisser un héritage[53] » est bien plus puissant. Cela pourrait être « générer des émotions », car on ne peut pas garantir la victoire à chaque match. Une mission claire renforce le sentiment d'appartenance et l'amour de l'entreprise. Comme le dit Simon Sinek[54], les clients n'aimeront jamais une entreprise tant que ses salariés ne l'aiment pas d'abord.

Une organisation sportive a une identité souvent liée à l'environnement dans lequel elle évolue. Comprendre et s'imprégner de cette identité permet au dirigeant de s'appuyer sur elle pour définir la mission et le positionnement du club.

L'identité club

Il existe deux éléments permettant à un dirigeant de se saisir de l'identité d'un club. Le premier élément est la culture et les valeurs du territoire où évolue le club. Le deuxième élément est l'histoire du club et de ses personnages emblématiques.

53 La mission de l'équipe de rugby des All Blacks de Nouvelle-Zélande. *Les Secrets des All Blacks, Quinze leçons de leadership*, James Kerr, Thierry Souccar, 2017.

54 https://www.ted.com/talks/simon_sinek_how_great_leaders_inspire_action?language=fr, février 2021.

Premier élément : le territoire

Au rugby à XV, nous retrouvons l'institution qui illustre le mieux la puissance d'un territoire et son impact dans la performance sportive. Les All Blacks de Nouvelle-Zélande sont l'équipe la plus emblématique du rugby avec trois Coupes du monde remportées, à égalité avec l'Afrique du Sud.

Pourtant, la Nouvelle-Zélande est un pays de moins de 5 millions d'habitants. Comment un pays de cette taille a-t-il réussi à s'imposer dans le rugby mondial devant des nations bien plus peuplées comme l'Afrique du Sud avec 58 millions d'habitants environ ou l'Australie avec 25 millions d'habitants ?

Dans son livre *Les Secrets des All Blacks, Quinze leçons de leadership*, James Kerr décrit comment le mélange de la culture locale maori avec la fierté de porter le maillot a permis de créer un univers de performance exceptionnel. Les All Blacks jouent pour une cause, une mission, celle « d'enrichir leur héritage et de laisser le maillot en meilleure position ». Le management des All Blacks s'appuie sur la culture maorie, empreinte d'humilité, pour créer un environnement de performance supérieure à la concurrence. Les athlètes sont fortement responsabilisés sur leur performance. Le rituel du haka effectué par les All Blacks avant le début de chaque rencontre ne sert pas qu'à impressionner leurs adversaires. Il permet également aux joueurs néo-zélandais de se reconnecter avec leur culture et de renforcer le sens de ce qu'ils font. L'identité de l'institution est forgée par son territoire, sa culture. Les joueurs jouent pour quelque chose qui les dépasse.

Certains clubs de football ont aussi une mission qui dépasse leur sport. L'Athletic Bilbao et la Real Sociedad représentent le Pays basque espagnol. Cette responsabilité est portée par les joueurs lors des matchs. L'importance de ces clubs relève aussi du domaine politique et le sentiment d'appartenance y est très fort. Autour de 60 % des joueurs de ces clubs sont issus de leur centre de formation. Le lien avec les supporters est très important. Ce contexte renforce l'engagement des joueurs qui défendent les valeurs du club, mais aussi du territoire.

Deuxième élément :
l'histoire du club et de ses personnages emblématiques

L'histoire et le palmarès des plus grands clubs sont également des éléments façonnant l'identité d'un club et le poids de l'institution. Le Bayern de Munich transpire la responsabilisation à tous les niveaux. C'est le club le plus titré en Allemagne, avec la bagatelle de trente championnats allemands remportés, soit vingt-et-un titres de plus que son prochain poursuivant, le FC Nuremberg. Au niveau européen, le Bayern Munich a également l'un des meilleurs palmarès avec six Ligues des champions remportées. D'anciennes gloires du club comme Franz Beckenbauer, nommé président d'honneur du club en 2019, Karl-Heinz Rummenigge ou Oliver Kahn continuent de cultiver l'héritage du Bayern avec des rôles de direction au sein du club. Faire grandir après leur carrière d'anciens joueurs emblématiques sublime l'engagement des nouveaux venus au sein du club. Les anciens joueurs accédant aux postes de direction doivent être judicieusement choisis. Ils doivent comprendre l'importance de leur rôle. Ce n'est pas une faveur pour service rendu, mais une grande responsabilité. En termes d'exigence et d'attitude, ils doivent être exemplaires.

Certains clubs ont bâti leur identité avec des hommes clés qui ont façonné la culture de l'organisation. C'était le cas du FC Lorient avec Christian Gourcuff. Un club de taille comparable en France, l'AJ Auxerre, fut également incarné par son entraîneur Guy Roux durant plusieurs décennies.

Mais les clubs ayant créé une identité autour d'un homme clé sont des colosses aux pieds d'argile. Ils ont bien souvent du mal à rebondir après le départ de celui-ci. Si la succession n'est pas préparée, l'identité du club et sa performance risquent de vaciller les années suivantes. Au FC Lorient, nous l'avions aussi vécu et n'étions pas une exception. L'AJ Auxerre, toujours en Ligue 2 en 2021, neuf ans après sa relégation en 2012, peut en témoigner. Les grands clubs n'échappent pas à ce constat. Lorsqu'Alex Ferguson quitta le poste d'entraîneur de Manchester United en 2013 après vingt-sept ans en poste, le club venait à nouveau d'être sacré champion d'Angleterre pour la treizième fois sous son égide. Depuis son départ et jusqu'en 2021, le meilleur classement de Manchester United, club qui a l'un des plus importants budgets du championnat anglais, fut une place de dauphin et le club a changé cinq fois d'entraîneur en huit ans.

L'identité d'un club peut également être portée par un dirigeant. Jean-Michel Aulas à l'Olympique lyonnais en est un bon exemple. Il reprit le club de Lyon en 1987, alors que celui-ci évoluait en deuxième division et avait une situation financière précaire. Après une remontée en Ligue 1 en 1989, le club se stabilisa à ce niveau et progressivement se structura avant d'atteindre son âge d'or entre 2001 et 2008. Durant cette période, l'Olympique lyonnais remporta consécutivement sept titres de champion de France et atteignit régulièrement les quarts de finale de Ligue des champions. Suite à cette période de succès, les performances sportives du club déclinèrent, mais le club continua à se qualifier chaque année en Coupe d'Europe. L'Olympique lyonnais est aujourd'hui l'un des plus grands clubs français, propriétaire de son stade et doté de l'un des meilleurs centres de formation du monde. Jean-Michel Aulas a façonné l'identité de son club en n'hésitant pas, comme nous l'avons vu, à s'exposer pour protéger. Le club est à son image.

Un dirigeant évoluant dans un club dont l'identité est forgée par un homme clé doit être vigilant. Il devra anticiper la succession de cet homme clé. Cela est encore plus vrai si le club n'est pas un budget important de sa division et est soumis au risque de relégation. Si la succession n'est pas préparée, la chute peut être sévère et la durée de reconstruction bien longue. Le dirigeant peut s'inspirer des pratiques du Bayern de Munich en favorisant le développement du rôle d'anciens joueurs imbibés par la culture du club. En agissant de la sorte, l'identité façonnée par un homme clé se diffuse en interne à différents étages. Après son départ, l'ombre de l'homme clé plane durant plusieurs années. Seule une direction ayant anticipé son départ pourra empêcher que le club ne vive dans le passé. Et l'homme clé doit accepter cette démarche. Les hommes sont de passage, mais le club sera toujours là.

L'identité cible : celle qui génère l'osmose avec son histoire et son territoire

Si le club est en osmose avec son histoire et son territoire, la confiance et l'énergie positive rejaillissent en interne et en externe. Plus le lien entre un club et un territoire est élevé, plus la probabilité de succès augmente.

Il ne faut jamais oublier la dimension psychologique du sport de haut niveau. Les émotions sont au centre de tout. La confiance joue un rôle essentiel. Elle est fragile et ses ressorts sont subtils. Dans un environnement aussi incertain, un entraîneur ou un sportif ne contrôle pas l'ensemble des événements. Le poste de gardien de but est un bon exemple. Il reste dépendant de sa défense, des attaquants adverses, des conditions météorologiques, d'un mauvais rebond, d'un groupe de supporters derrière son dos qui le prend en grippe. Sans confiance, il est facile de subir la situation face à autant de paramètres non maîtrisables. C'est pour cela qu'il y a souvent de la superstition chez les sportifs de haut niveau et les entraîneurs. Un univers de croyances positives basées sur l'identité de l'institution renforce la confiance et l'engagement.

De l'identité d'une institution se déclinent croyances, mais aussi rituels, qui sont des outils puissants. Les rituels ne se limitent pas au haka des All Blacks. Un autre rituel bien connu est l'hymne d'avant-match. Nous pouvons citer le fameux *You'll Never Walk Alone*, l'hymne de plusieurs clubs, dont celui du Liverpool FC. En France, les supporters du RC Lens, ancienne terre de mineurs, adoptèrent la chanson *Les Corons*[55] de Pierre Bachelet en 2005.

Des croyances pour de la confiance

Les croyances sont un concept puissant, dont l'impact va bien au-delà du football. Nous pouvons nous référer à la prophétie autoréalisatrice. Celle-ci fut conceptualisée par Robert K. Merton, sociologue de l'école de Chicago qui l'utilisa pour traduire une situation dans laquelle quelqu'un qui prédit un événement, souvent négatif, modifie ses comportements en fonction de ces croyances, ce qui a pour conséquence de faire advenir la prophétie[56].

Dans le sport, les croyances autoréalisatrices sont bien répandues. Le club de rugby de l'ASM Clermont Auvergne connaît le sujet. Entre 1936 et 2009, le club perdit dix finales de championnat de France dont quatre entre 2001 et 2009. Le club avait acquis une réputation de perdant et dut attendre 2010 pour enfin gagner une finale de Top 14 contre Perpignan.

55 Un coron est un groupe d'habitations qui était destiné aux mineurs à l'époque de l'extraction du charbon.

56 Prophétie autoréalisatrice — Wikipédia (wikipedia.org), février 2021.

Bill Walsh fut l'un des entraîneurs les plus réputés de l'histoire du football américain. À la tête des 49ers de San Francisco durant dix ans, il gagna trois fois le Super Bowl et remporta six fois le titre de la division ouest des États-Unis. Dans le livre qui lui est consacré, *The Score Takes Care of Itself*, Bill Walsh évoque sa relation avec Joe Montana, l'un des plus grands quarterbacks de l'histoire du football américain. Pour optimiser son potentiel, Bill Walsh lui transmettait ce qu'il appelle les quatre mots les plus importants du management : « *I believe in you* » (« Je crois en toi »). Le rôle de Bill Walsh était de renforcer la confiance de son joueur pour lui permettre de développer sa performance. L'un des principaux rôles d'un entraîneur, c'est de faire croire. Que les joueurs croient en eux-mêmes. Qu'ils croient en leur groupe. Qu'ils croient en leur entraîneur. Qu'ils croient en quelque chose qui les dépasse. C'est ce qui ressort des entraîneurs à succès. Guardiola, Klopp, etc. Pour faire croire, il faut déjà croire en soi et bien se connaître. Nous sommes tous différents, nos leviers sont personnels.

Dans un environnement incertain, beaucoup d'éléments peuvent tirer vers le bas la confiance et la responsabilisation d'un joueur et d'une équipe. La mise en place des conditions de performance participe à renforcer la confiance et la responsabilisation comme l'illustre le schéma suivant.

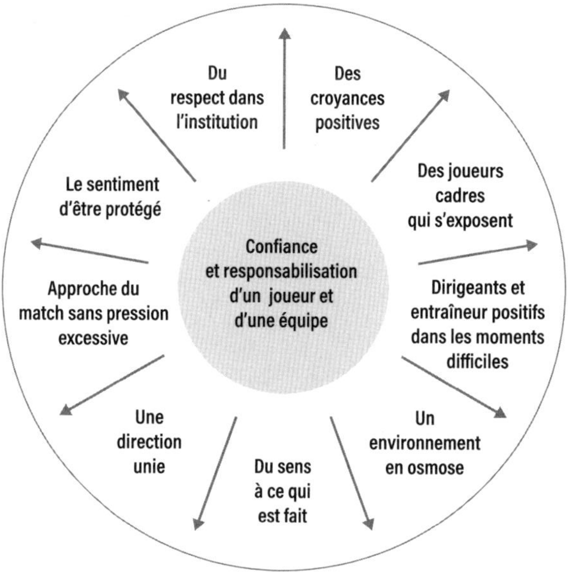

La performance d'un club, d'une entreprise, est la combinaison de performances humaines. Cette combinaison n'est pas une addition. La qualité de la culture a un effet multiplicateur sur l'ensemble des performances. Ce sont les cultures les plus solides qui gagnent. Et c'est le rôle du dirigeant de chercher à créer la culture la plus forte en mettant en place les conditions de la performance.

Le dirigeant doit également se doter d'outils pour mesurer la performance et son évolution. Il est préférable de s'extirper du joug du résultat sportif et de ne rester concentrer que sur la dynamique de ce résultat. Ces outils doivent être identifiés et construits collectivement selon une approche structurée.

8

UNE APPROCHE STRUCTURÉE À DÉPLOYER

L'ÈRE DE LA DATA DANS LE FOOTBALL

Une fin de saison en queue de poisson

Après le bon démarrage de l'équipe sur la saison 2017-2018, les résultats devinrent plus irréguliers. Entre fin novembre et Noël 2017, nous ne prîmes que 4 points en quatre matchs. À l'issue de la phase aller du championnat, l'équipe pointait à la septième place et comptait 5 points de retard sur le deuxième au classement. La deuxième partie de saison ne nous permit pas de redresser le cap et le club termina à une décevante septième place.

Nos résultats avaient été irréguliers, avec une équipe capable de s'imposer deux fois contre le champion, le Stade de Reims, mais de ne prendre que 8 points sur 18 contre les trois derniers du championnat, Bourg-en-Bresse, Quevilly-Rouen et Tours. Cette saison laissait des regrets, car le FC Lorient était l'équipe qui avait pris le plus de points contre les dix premiers du championnat. Lorient était d'ailleurs la seule équipe du championnat à avoir un meilleur bilan contre les dix premiers que contre les dix derniers. À titre de comparaison, le Stade de Reims finit champion avec 88 points en empochant 60 points sur 60 contre les dix derniers.

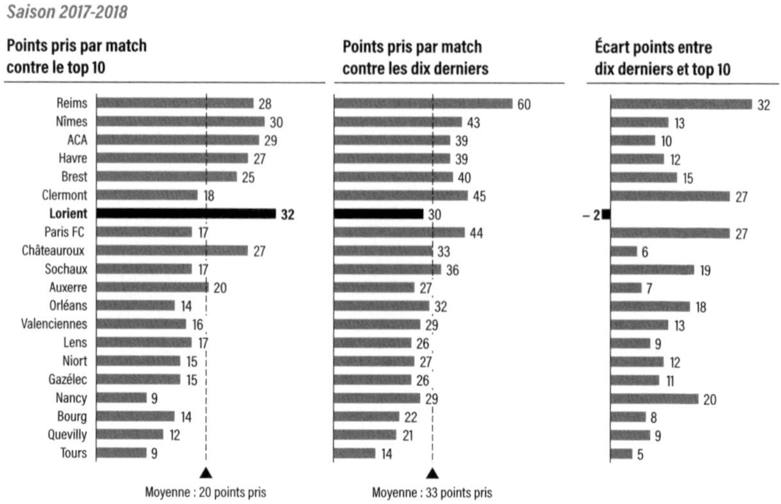

Source : LFP.

Cette analyse n'était qu'un constat. Il ne suffit pas de dire « il faut battre les dix derniers » pour que subitement l'équipe commence à remporter ces matchs. L'indication qu'apportait cette analyse était qu'il y avait probablement eu un déficit d'engagement du groupe dans ces confrontations bien éloignées de la lumière de la Ligue 1. Notre effectif était constitué de nombreux joueurs plus habitués à la Ligue 1. Ce nouvel environnement n'était peut-être pas assez motivant pour eux.

Besoin de lumière dans la pénombre

Au départ, je pensais qu'il suffisait de faire quelques analyses sur des données sportives pour tirer des conclusions structurantes pour la suite. Sur la vente de produits dérivés par exemple, je pouvais me concentrer sur certains indicateurs comme l'évolution du chiffre d'affaires, la gestion du stock de maillots, la marge sur coût variable. J'avais constitué dans le pôle administratif une sorte d'observatoire de la performance avec des indicateurs clés permettant de piloter l'activité.

Je m'étais vite rendu compte que, dans le domaine sportif, la mise en place d'un tel observatoire était bien plus ardue. Pourtant, si nous réussissions à identifier quelques indicateurs de performance pour piloter l'activité, l'organisation serait moins soumise aux soubresauts des résultats et resterait focalisée sur le suivi d'indicateurs plus robustes.

La statistique est une expertise scientifique. Une erreur commune, par exemple, est de se prendre pour un apprenti expert et de tirer des conclusions sur des échantillons de données trop faibles et non représentatifs. En termes de biais cognitif, c'est ce qu'on appelle la loi des petits nombres. Dès que l'on parle de chiffres, il faut tout de suite se référer à la taille de l'échantillon et se demander si elle est suffisamment significative.

J'identifiai un statisticien [57] qui rejoignit le club en fin d'année 2018 après que je l'eus préalablement présenté au comité sportif. Ainsi démarra le département statistique ayant pour objectif d'apporter un peu de lumière dans la pénombre des indicateurs sportifs [58].

Pour développer ce type d'approche dans un club de football, il ne suffit pas de recruter des statisticiens, il convient également de s'assurer que les travaux réalisés par ce département seront utilisés par les responsables du pôle sportif. La validation du recrutement du statisticien par les membres du comité sportif créait les conditions d'un bon démarrage.

---

57 Souvent appelé *data scientist*.

58 https://www.letelegramme.fr/dossiers/ils-font-le-fcl/fc-lorient-francois-l-homme-aux-stats-03-11-2019-12424246.php#:~:text=Le%20FC%20Lorient%20est%20l,points%20forts%20et%20leurs%20faiblesses, février 2021.

Les expected goals

Un indicateur, simple et fonctionnel, que nous avions rapidement identifié était les *expected goals*[59]. Dans son livre[60], James Tipett définit les *expected goals*, communément appelé « xG », comme étant la quantité et la qualité d'occasions que chaque équipe se crée pendant un match. La méthodologie xG assigne à chaque occasion un pourcentage de chances de marquer un but. Par exemple, un penalty selon la méthodologie xG a une probabilité de 76 % de se convertir en but, soit 0,76 xG. Le calcul de cette probabilité est effectué sur l'analyse de l'historique de données. Historiquement, on constate qu'en moyenne un peu plus de trois penaltys sur quatre sont convertis en buts. Pour chaque situation de frappe dans un match, une probabilité de but est affectée. Cette probabilité dépend de la distance au but, de la présence d'adversaire(s) entre le but et le frappeur, de l'angle de frappe et de la surface de frappe (tête ou pied). Cette méthodologie permet d'avoir une vision plus objective de la performance d'une équipe en tentant d'exclure le facteur réussite.

Prenons par exemple la défaite de Lorient contre Dijon en 2016 sur le score d'un à zéro, qui avait amené au licenciement de Sylvain Ripoll. Si, à cette époque, nous avions suivi l'indicateur xG, nous aurions remarqué que la défaite était sévère, car le FC Lorient avait une espérance de buts de 2,36 alors que celle de Dijon était de 1,40. Les deux graphiques suivants illustrent cela. Sur le premier graphe, la taille des bulles représente la probabilité de marquer (plus la bulle est grande, plus la probabilité est élevée) et l'étoile correspond au but encaissé par le FC Lorient. Le deuxième graphe est l'histoire du match où l'on voit que Lorient aurait pu mener au score deux à zéro à l'issue de la

59 Espérance de buts en français.
60 *The Expected Goals Philosophy : A Game-Changing Way of Analysing Football*, autopublié, 2019.

première mi-temps et que Dijon marqua le but de la victoire en fin de match. En s'appuyant sur cet indicateur, le club n'aurait pas eu de raison rationnelle de se séparer de son entraîneur à l'issue de ce match.

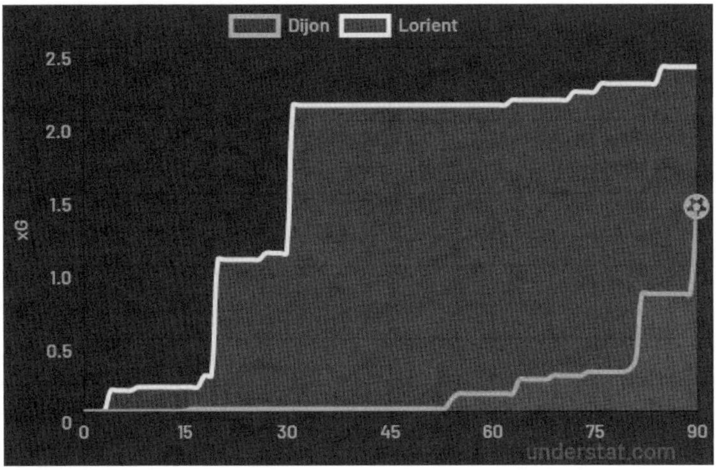

Il est possible de convertir les *expected goals* d'un match en *expected points*[61]. Selon Understat[62], ce score d'xG donnait au FC Lorient 2,16 points attendus contre 0,61 pour Dijon.

En appliquant cette méthodologie sur tous les matchs du championnat, nous pouvons obtenir un classement de points attendus et le comparer avec le classement réel. Lorsque l'on compare, à la fin de plusieurs championnats européens, le classement réel et celui de points attendus, on constate une corrélation tournant autour de 0,8. Cet indicateur est donc d'un très bon niveau de fiabilité pour déterminer la tendance d'une équipe dans un championnat.

À l'issue du match contre Dijon, le FC Lorient pointait à une peu envieuse vingtième et dernière place en Ligue 1. Après dix journées, le club comptait 6 points au classement. Un bilan donnant la tentation de se séparer de son entraîneur et de tenter de relancer une dynamique.

Classement	Équipe	Matchs joués	Points	Buts marqués	Buts encaissés	Goal average
1	Nice	10	26	20	7	13
2	Monaco	10	22	29	14	15
3	Paris Saint-Germain	10	20	19	7	12
4	Toulouse	10	18	14	7	7
5	Guingamp	10	17	13	9	4
6	Rennes	10	17	12	12	0
7	Saint-Étienne	10	16	13	9	4
8	Bordeaux	10	15	13	12	1
9	Angers	10	14	10	10	0
10	Lyon	10	13	16	14	2

61 « Points attendus » en français.

62 Site Internet permettant de suivre ces indicateurs pour les plus grands championnats européens depuis 2017.

Classement	Équipe	Matchs joués	Points	Buts marqués	Buts encais-sés	Goal average
11	Marseille	10	13	11	10	1
12	Metz	10	13	11	20	- 9
13	Dijon	10	12	13	14	- 1
14	Nantes	10	11	7	11	- 4
15	SC Bastia	10	10	8	10	- 2
16	Lille	10	10	10	16	- 6
17	Montpellier	10	10	14	23	- 9
18	Caen	10	10	9	19	- 10
19	Nancy	10	6	5	13	- 8
20	Lorient	10	6	6	16	- 10

Source : Understat.com.

Pourtant, le classement d'*expected points* réalisé par le site Understat positionnait le FC Lorient à la onzième place avec une espérance de points à 13,12. Sous le prisme de cette analyse, la vingtième place du FC Lorient n'était pas due à une performance médiocre de l'équipe, mais à un manque d'efficacité aussi bien offensivement que défensivement. L'équipe avait inscrit six buts alors que son espérance de buts était de plus de onze. *A contrario*, l'équipe avait encaissé seize buts alors que ses *expected goals* indiquaient qu'elle aurait dû en encaisser treize environ.

Classement	Équipe	Matchs joués	Points attendus	Buts marqués attendus	Buts encaissés attendus	Goal average attendu
1	Paris Saint-Germain	10	21,4	18,7	7,0	12
2	Monaco	10	17,7	16,3	9,9	6
3	Lyon	10	17,5	17,1	11,2	6
4	Nice	10	16,7	16,1	12,3	4
5	Angers	10	15,5	11,4	8,7	3
6	Toulouse	10	15,4	10,1	7,5	3
7	Nantes	10	15,2	11,0	8,6	2
8	Saint-Étienne	10	14,4	11,5	11,6	- 0,1

Classement	Équipe	Matchs joués	Points attendus	Buts marqués attendus	Buts encaissés attendus	Goal average attendu
9	Rennes	10	13,7	10,9	10,7	0
10	Bordeaux	10	13,4	11,5	12,1	- 0,5
11	**Lorient**	**10**	**13,12**	**11,58**	**12,83**	**- 1,25**
12	Montpellier	10	13,0	11,8	13,1	- 1,2
13	SC Bastia	10	12,4	8,4	10,2	- 1,8
14	Guingamp	10	12,1	10,3	12,3	- 2,0
15	Marseille	10	11,9	11,2	13,7	- 2,5
16	Lille	10	11,9	10,2	12,3	- 2,1
17	Caen	10	10,9	10,3	14,9	- 4,6
18	Dijon	10	10,2	10,0	14,6	- 4,5
19	Nancy	10	9,5	6,8	11,8	- 5,1
20	Metz	10	7,7	10,2	20,4	- 10,2

Source : Understat.com.

L'un des intérêts de cet indicateur est qu'il permet à une direction d'avoir une approche plus scientifique. Dans ce cas précis, cette approche aurait transmis de la confiance en interne, aussi bien au staff qu'aux joueurs, et aurait évité de changer d'entraîneur. Mais sans cet indicateur de performance, nous étions dans le brouillard, uniquement guidés par les résultats du match et la pression de l'environnement.

Il est possible d'élargir cet indicateur aux performances individuelles. Le chiffre des *expected goals* est la somme des *expected goals* individuels. On peut assigner un chiffre d'*expected goals* par joueur. Cela permet d'étudier son espérance de buts et de la comparer au nombre de buts réellement marqués. On constate qu'il est bien rare, à moins de s'appeler Lionel Messi ou Harry Kane, qu'un joueur surperforme régulièrement ses xG, comme le montre le graphique suivant. Cette information est très utile dans le recrutement, car elle empêche de surpayer un joueur ayant eu une série exceptionnelle qui risque de rentrer dans le rang l'année suivante.

Performance d'attaquants entre leurs xG et les buts marqués sur les sept dernières saisons

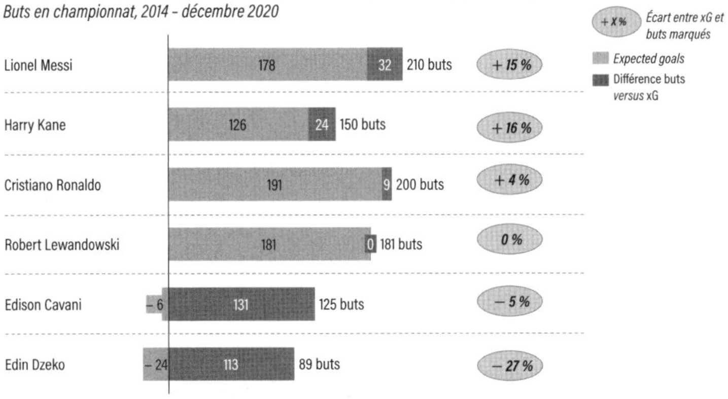

Source : www.understat.com.

À l'inverse, un joueur se créant beaucoup de xG, mais manquant d'efficacité sur une saison, sera probablement sous-coté et peut être une bonne pioche de recrutement. La qualité des tirs est également un facteur intéressant. Un joueur A générant une moyenne de 0,5 xG par match avec une moyenne de dix frappes à 0,05 xG sera moins intéressant qu'un joueur B générant ce même 0,5 xG avec trois frappes en moyenne. En effet, cela voudra dire que le joueur A prend des tirs de mauvaise qualité et qu'il y avait probablement mieux à faire collectivement.

Il est possible de dériver les *expected goals* en de nombreux autres indicateurs. Les *expected assists* (xA) en sont un exemple. Les xA permettent d'identifier les joueurs délivrant des passes potentiellement décisives, même si celles-ci ne sont pas converties en buts.

D'un point de vue défensif, étudier l'écart par exemple entre les *expected goals on target* (xGOT) et le nombre de buts concédés donne une indication sur la performance d'un gardien de but.

Les *expected goals* sont un indicateur de performance permettant de s'extraire du seul résultat. Ils sont un reflet plus proche de la performance en retirant en partie le facteur réussite. Cet indicateur d'*expected goals* n'est pas « fini » et est en perpétuelle évolution. Des paramètres ne sont pas toujours pris en compte, comme la hauteur de la balle au moment de la frappe, le degré de liberté pour armer sa frappe selon l'opposition de l'adversaire et le fait que le joueur qui frappe soit sur son bon pied ou pas. Mais il est suffisant en l'état pour contribuer à une approche bien plus analytique de la performance.

EMBARQUER LE PÔLE SPORTIF

Les prémices de l'aventure

La qualité et la définition des données de match disponibles sur le marché sont souvent prises pour acquises. Ces données sont fournies par des prestataires extérieurs, les plus connus étant Opta, InStat, StatsBomb. Ces sociétés codent chaque événement d'un match pour en constituer un fichier. Les événements représentant des moments avec ballon. Cela peut être un duel, une passe, une frappe, une touche, etc. Mais l'erreur lors du codage n'est pas à exclure. La définition des événements peut aussi varier selon le prestataire. Qu'est-ce qu'un duel aérien gagné ? Chaque club peut aussi avoir sa propre définition. Un club doit donc bien analyser la façon dont sont collectées et traitées les données par les prestataires afin de choisir celui qui lui semble le plus robuste.

Il est important de noter que la plupart des données sont issues de situations de jeu avec ballon. Pourtant, la plupart du temps au cours d'un match, les joueurs n'ont pas le ballon. Le football est un sport d'espace et de déplacement, mais cette situation, pourtant majoritaire, est aujourd'hui peu collectée par la data. Comme le dit à juste titre l'entraîneur italien Carlo Ancelotti, « les chiffres ne nous disent pas encore beaucoup de choses intéressantes sur ce qu'un footballeur fait pendant les 89 minutes pendant lesquelles il n'a pas le ballon ».

Nous savons que les données sans ballon constituent un territoire immense d'analyse à découvrir. La démocratisation de ces données créera de nouvelles perspectives de recherche dans les arcanes de la complexité du football. Certains clubs ont déjà avancé sur le sujet, comme le FC Barcelone avec le Barça Innovation Hub qui réalise plusieurs travaux sur les mouvements sans ballon. Mais pour le moment, peu de clubs ont l'expertise et l'accès aux données pour extraire des idées applicables dans les événements sans ballon.

De plus, il existe une dichotomie de l'analyse de données selon les postes des joueurs. Il est plus facile d'analyser la performance de joueurs offensifs, avec les données avec ballon, que de joueurs à vocation défensive. On peut juger la performance d'un joueur offensif sur des critères plus individuels. Mais plus on recule sur le terrain, moins la data est pertinente et elle peut mener à des incohérences. En effet, l'efficacité défensive est soumise à plus de paramètres et notamment aux mouvements sans ballon et à la coordination du bloc équipe.

Conscient que nous ne sommes qu'aux prémices de l'aventure de la data dans le football, le dirigeant comprend qu'il vaut mieux ne pas être trop assertif lorsque des analyses sont effectuées.

De l'humilité

J'ai échangé à plusieurs reprises avec des équipes de statisticiens n'ayant pas l'écoute du directeur sportif ou du staff professionnel. Leurs travaux n'avaient pas d'impact dans la politique sportive.

Souvent, parler de datas fait peur aux responsables sportifs qui craignent qu'elles remplacent leur expertise. Ils craignent aussi de ne pas les maîtriser à cause des supposés compétences mathématiques qui leur seraient nécessaires. Et ils redoutent sans doute que les datas soient un cheval de Troie d'une direction souhaitant s'immiscer dans leur domaine.

Quelle que soit la qualité des délivrables, il est indispensable que la direction du club communique sur l'intérêt et le but des travaux du département statistique.

La direction et les statisticiens doivent faire preuve d'une grande humilité dans la discussion autour de datas avec le pôle sportif. C'est un outil d'aide à la décision. Ce n'est pas la décision. Nous avons vu que nous ne sommes qu'au début de l'aventure. Il est désagréable pour un membre du pôle sportif de voir débarquer un dirigeant ou un statisticien qui aurait trop de certitudes sur la base de seules données chiffrées. À l'inverse, une direction améliorera la performance de son club en démontrant que ces données ne mettent pas en cause le travail d'un entraîneur, mais sont là pour l'aider.

DÉPLOYER L'APPROCHE

Le besoin des responsables sportifs, le point de départ

Le directeur sportif ou un responsable du recrutement peut s'appuyer sur le département statistique pour le travail de recrutement. Il est possible, grâce aux données individuelles des *expected goals*, de construire très rapidement une base de données de milliers de joueurs évoluant dans des dizaines de championnats et de définir des caractéristiques selon leur position, leur âge, etc. Construire un tel outil aide à confirmer un ressenti visuel ou à identifier des joueurs qui seraient passés entre les mailles du filet.

En collaborant avec l'entraîneur et son staff technique, le département statistique peut rapidement établir des modèles de rapport et les produire à des fréquences diverses :

- **Un rapport d'avant-match sur l'adversaire.** Ce rapport pourra inclure les caractéristiques clés de l'équipe adverse comme son réseau de passes, la qualité de son pressing par zone du terrain, ses zones préférentielles pour entrer dans la surface adverse. Il est aussi possible de construire une fiche type par joueur adverse pour mieux comprendre ses qualités. Ce rapport statistique s'avère complémentaire du travail vidéo effectué en parallèle.

- **Un rapport d'après-match.** Ce rapport peut présenter des données souhaitées par le staff technique comme les *expected goals* du match et des indicateurs individuels par joueur et par position.

- **La performance de l'équipe et de ses joueurs.** À une fréquence de dix matchs par exemple, un département statistique peut émettre un rapport par joueur et des éléments collectifs que le staff souhaiterait revoir.

Un département statistique est au service des responsables sportifs et doit bien comprendre leurs besoins. Il est au service du projet de jeu, de l'entraîneur, des joueurs. Les datas permettent de tester des croyances et de confirmer les ressentis. Ils doivent donc être personnalisés selon la culture du club et l'objectif recherché. Ce mode de fonctionnement permet aussi de mieux cibler les travaux à effectuer par les statisticiens. Avec un cadre plus restreint, ils évitent de se disperser.

Les gains marginaux

Savoir que plus d'un but sur quatre est issu d'une situation arrêtée [63] n'est pas le fruit d'une analyse statistique sophistiquée. Lors de la Coupe du monde en Russie en 2018, ce sont plus de 40 % des buts qui ont été inscrits sur phase arrêtée. Pourtant, les initiatives spécifiques autour des coups de pied arrêtés sont rarement menées par un département dédié, et sont plutôt pilotées directement par un membre du staff professionnel. C'est souvent le rôle d'un adjoint de l'entraîneur d'organiser quelques exercices sur coup de pied arrêté lors de la dernière séance avant un match. Il faut dire que ces exercices sont souvent perçus par les joueurs comme fastidieux, car peu dynamiques. Une session vidéo expliquant les forces et faiblesses sur phase arrêtée de l'adversaire est généralement présentée aux joueurs avant le match. Faire des coups de pied arrêtés un avantage compétitif vient donc rarement d'une initiative structurée du club au sein d'un département de la performance, mais plutôt d'un contexte lié à la présence ponctuelle dans l'effectif d'un excellent tireur ou d'une initiative du staff professionnel en place.

Un club anglais comme Brentford avait bien saisi cette opportunité en recrutant un spécialiste des coups de pied arrêtés. Nicolas Jover avait démarré en tant qu'analyste vidéo au club de Montpellier Hérault et dès 2016 s'était spécialisé dans l'optimisation des coups de pied arrêtés. Après quelques années à Brentford, Nicolas Jover fut débauché par Manchester City puis Arsenal.

63 Penaltys inclus.

Lors de la saison 2017-2018, le Liverpool FC termina à une honorable quatrième place de Premier League, mais le club constata que l'équipe ne conservait que 45 % de ses remises en jeu. Pour tenter de remédier à cela, le club fit appel à Thomas Grønnemark qui s'était spécialisé dans l'optimisation des remises en jeu au Danemark. Il y a entre quarante et soixante touches par match et les pertes de balle dépassent généralement les 50 %. La remise en jeu est donc une phase de jeu importante où il y a beaucoup de pertes de balle. À titre de comparaison, le Liverpool FC réussit à améliorer sa conservation de balle après remise en jeu en l'amenant à 68 % en 2018-2019. Lors de la saison 2019-2020, l'équipe marqua treize buts suite à des touches, ce qui contribua à son premier titre de champion d'Angleterre depuis 20 ans.

Il n'est pas forcément nécessaire de se lancer dans une initiative de grande envergure pour entamer une démarche autour d'un segment de performance. Cela peut se traduire par la mise en place d'un responsable de la performance qui internalisera progressivement des expertises « club ».

Ce type d'initiative autour de thématiques spécifiques d'amélioration s'appelle communément les « gains marginaux ». Cette terminologie a été remise au goût du jour par l'équipe cycliste Sky il y a quelques saisons pour justifier sa performance et celle de Chris Froome. Ce concept part de l'hypothèse que l'on peut atteindre des résultats exceptionnels en cumulant plusieurs petits gains de 1 % ou moins [64]. Dans le cyclisme, cela se traduit par exemple par des matelas qui accompagnent les coureurs sur chaque étape pour favoriser la qualité de leur sommeil. Ce sont également des travaux sur la tenue des coureurs afin d'améliorer l'aérodynamisme. Mis bout à bout, ces petits gains suffisent à faire la différence par rapport aux autres équipes cyclistes.

64 https://isarta.com/infos/ce-que-le-tour-de-france-et-lequipe-sky-peut-vous-apprendre-sur-la-productivite-au-travail/, février 2021.

Dans le football, il existe plusieurs domaines où les gains marginaux sont applicables. En décomposant analytiquement chacune des composantes de la performance, on peut trouver des points d'amélioration spécifiques. De la qualité de la restauration au cours de yoga en passant par un préparateur mental, il existe bien des moyens d'augmenter la performance[65] de petits pourcentages.

Toutefois, Il est généralement difficile de quantifier l'apport précis des gains marginaux. Ceux qui peuvent l'être, comme par exemple le travail autour des phases arrêtées, doivent être privilégiés. Mais il est nécessaire de contrôler les coûts et de prioriser ce qui semble avoir le plus d'impact. Il faut souvent savoir dire non car il est bien difficile ensuite, par souci d'économie, de revenir en arrière. Cela serait perçu comme une diminution des conditions de la performance.

Il convient de ne pas s'éloigner de l'essentiel. Comme leur nom l'indique, ce sont des gains marginaux. Il vaut mieux ne pas se tromper de combat et finir par croire que ce sont ces gains essentiellement qui vont faire gagner.

Le concept des gains marginaux repose sur une approche analytique décomposant chaque élément de performance. Elle se distingue de l'approche systémique qui consiste à analyser un ensemble d'éléments interdépendants. Or, dans le football, de nombreux facteurs sont interdépendants. De la technique au mental, des croyances aux qualités intrinsèques des joueurs. Le partage des émotions, de la confiance. Une approche structurée doit prendre en considération les deux dimensions. L'une ne va pas sans l'autre.

65 https://www.ouest-france.fr/sport/football/fc-lorient/fc-lorient-repas-en-commun-yoga-gages-ces-petites-habitudes-qui-ont-change-5497939, février 2021.

Devenir meilleurs

Lorsque les membres d'un club prennent l'habitude d'adopter une approche structurée, la dernière étape est le partage des connaissances et l'ouverture vers l'extérieur.

Le partage de connaissances peut s'effectuer de bien des façons. Comme nous l'avons vu, cela passe par la constitution d'un département de la performance qui enrichit l'expertise d'un club sous différentes dimensions comme les phases arrêtées, la préparation physique, la nutrition, etc. Cela peut aussi être un projet informatique pour centraliser sur une plateforme unique toutes les informations sportives comme les séances d'entraînement, les montages vidéo, des documents de présentation, etc.

L'ouverture vers l'extérieur doit être encouragée afin d'éviter des comportements dogmatiques. Il faut pousser quelques éducateurs à visiter régulièrement d'autres clubs. Mais à deux conditions : la première est d'y aller avec un objectif bien défini au départ, la seconde, de faire une restitution formelle dans une présentation aux autres éducateurs du club. Lorsqu'un entraîneur s'enrichit de connaissances, il doit en faire bénéficier son club.

Le pôle sportif et la direction d'un club ont beaucoup à s'apporter mutuellement. Ces diversités de profils permettent de tirer la quintessence d'un projet sportif. La combinaison d'expertises complémentaires, de méthodologies différentes et le partage des connaissances génèrent de bons réflexes dans l'approche de nouvelles thématiques. Comme par exemple la mise en place d'une approche structurée et quantifiée autour de la construction d'un effectif.

Pour parvenir à cette culture interne cible, il faut donner à l'organisation le temps nécessaire de construire de riches relations humaines. Sans stabilité, c'est impossible. C'est une aventure collective passionnante dont il est impossible de savoir jusqu'à quelle hauteur de performance elle nous mènera. Et quoi qu'il arrive, nous deviendrons meilleurs.

9

LA CONSTRUCTION D'UN EFFECTIF PROFESSIONNEL

LA TAILLE DE L'EFFECTIF

Le noyau de 16 joueurs

Durant notre première saison en Ligue 2 en 2017-2018, des épisodes de tension à l'intérieur du groupe eurent lieu. Cela n'est pas spécifique au FC Lorient et arrive dans la plupart des clubs. Après des mauvais résultats, les joueurs en manque de temps de jeu expriment de façon plus véhémente leur insatisfaction. Les choix de l'entraîneur sont questionnés et la solidarité du groupe de joueurs s'étiole.

Ce n'était pas la première fois que nous vivions une telle situation. L'année de la descente en Ligue 2, j'avais remarqué que cette situation était exacerbée si l'effectif de joueurs était trop important, car cela accroissait le risque de mécontentements. Lors de cette saison 2016-2017, il y avait des changements réguliers dans le onze de départ pour enrayer la spirale de défaites. Des joueurs devenaient titulaires pour ensuite repartir en tribune selon leur performance sur un match. La composition tactique changeait régulièrement également.

Au démarrage du nouveau cycle en Ligue 2, le directeur du centre de formation m'avait alerté sur l'importance de maîtriser la taille de l'effectif. Cela avait aussi un impact direct sur son travail. Pour donner l'opportunité à des jeunes du centre de formation d'éclore en équipe première, il fallait éviter d'avoir un groupe professionnel trop large.

Mickaël Landreau partageait ce point de vue. Son parcours d'ancien joueur influençait sa vision et il avait lui-même démarré à 17 ans, en 1996, au FC Nantes, club jouissant d'une grande réputation de club formateur à cette époque.

Une réflexion autour de la taille de l'effectif professionnel s'engagea. Celle-ci n'était pas indissociable du monde de l'entreprise plus classique. En effet, il existe de nombreuses raisons pour lesquelles une entreprise peut rationaliser son portefeuille de produits. Un manque de synergie, des produits peu performants ou un besoin impérieux de trésorerie peuvent justifier une telle décision. Une mauvaise allocation sur un produit diminue le temps et l'investissement alloués dans des activités à plus forte valeur ajoutée.

Si nous analysons quatre saisons sportives de Ligue 1 entre 2013-2014 et 2016-2017, un entraîneur utilise en moyenne vingt-huit joueurs par saison, comme le montre le schéma suivant.

Nombre de joueurs utilisés par club de Ligue 1 selon le classement final

Saisons 2013-2014, 2014-2015, 2015-2016 et 2016-2017 de Ligue 1

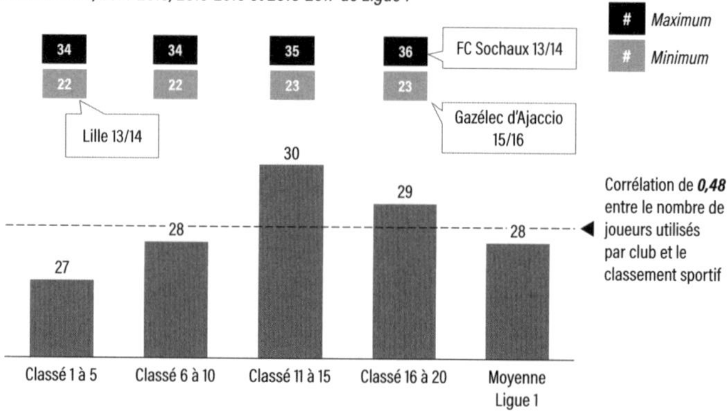

Source : LFP, Transfermarkt, foot national.

Le minimum se situe à vingt-deux joueurs, par exemple lorsque Lille finit troisième de Ligue 1 à l'issue de la saison 2013-2014. Le maximum de joueurs utilisés est atteint par le FC Sochaux avec trente-six joueurs lors de cette même saison. À l'issue de celle-ci, le FC Sochaux fut relégué en Ligue 2. Sur plusieurs saisons, la moyenne de joueurs en Ligue 1 oscille entre vingt-sept et vingt-neuf joueurs. Cet indicateur a une corrélation de 0,48 avec le classement sportif sur le cumul de ces quatre saisons de Ligue 1. Utiliser un nombre limité de joueurs est sans doute le signe d'une équipe sportivement bien classée, mais cet indicateur n'est pas le plus intéressant. En effet, un joueur n'ayant que 10 minutes de temps de jeu sur la saison est compté comme joueur alors que sa contribution aura été limitée. Et ceux qui ont été sur le terrain quelques minutes dans une saison ne font pas nécessairement partie de l'effectif professionnel. Des joueurs du centre de formation peuvent être appelés ponctuellement à faire une apparition pour compenser par exemple une cascade de joueurs blessés.

L'indicateur le plus pertinent est celui du temps de jeu effectif. C'est-à-dire le temps joué par joueur sur l'ensemble des minutes d'une saison. On constate que les seize joueurs les plus utilisés capturent 87 % du temps de jeu comme l'illustre le schéma suivant. Seize joueurs sur un effectif utilisé moyen de vingt-huit joueurs représentent 57 % de l'effectif. 57 % de l'effectif capturent 87 % du temps de jeu.

Part de jeu capturée par les 16 joueurs les plus utilisés d'un effectif selon le classement final

Saisons 2013-2014, 2014-2015, 2015-2016 et 2016/2017 de Ligue 1

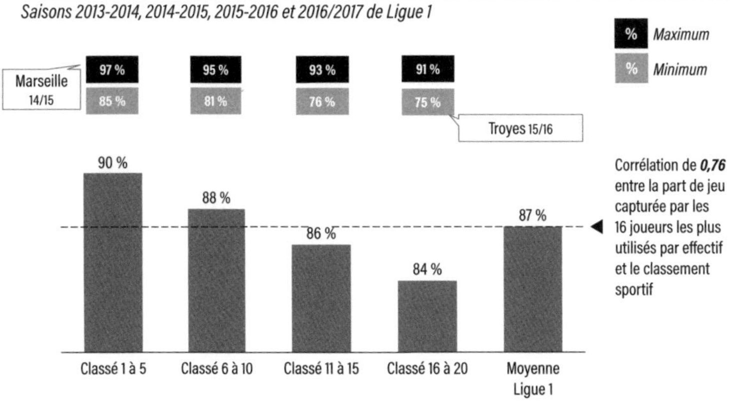

Source : LFP, Transfermarkt, foot national.

Cela veut dire que douze joueurs se partagent les 13 % de temps de jeu restants. Ces 13 % représentent un peu plus de 400 minutes de jeu par joueur sur une saison, soit environ 10 minutes par match. Cela équivaut à jouer un peu plus de quatre matchs dans leur intégralité sur une saison. Vous pouvez imaginer la difficulté pour un entraîneur de garder l'ensemble de son groupe concerné lorsqu'une partie significative de son effectif joue aussi peu.

On observe également une forte corrélation de 0,76 entre la part de temps de jeu des seize joueurs les plus utilisés par effectif et le classement sportif. Il existe une prime à la stabilité.

Limiter le nombre de joueurs utilisés durant une saison est un indicateur de réussite. Mais c'est surtout la stabilité du noyau des seize joueurs les plus utilisés qui fait la différence. Toutefois, la vie d'une saison n'est pas linéaire et évolue au gré des résultats et des blessures.

Les bénéfices du groupe restreint

Un club n'est jamais à l'abri d'une saison difficile. Mais en gardant à l'esprit les bénéfices d'un groupe restreint, il peut prévenir certains risques et optimiser son fonctionnement aussi bien sportivement que financièrement. Cela nécessite de garder la tête froide, en particulier en début de championnat et lorsque le mercato est toujours ouvert, car ce sont des périodes où, sous le coup de l'émotion, le principe d'un groupe restreint peut voler en éclats.

Un club devrait viser un groupe professionnel restreint de vingt-quatre joueurs au maximum dont trois gardiens de but. Les bénéfices d'un groupe restreint sont les suivants :

- Plus de facilité pour le staff technique dans la préparation des entraînements et une possibilité accrue de réaliser du travail qualitatif individuel avec les joueurs.

- Moins d'états d'âme à gérer dans l'effectif pour les joueurs qui jouent moins.

- Moins de tentations pour l'entraîneur de trop ventiler le temps de jeu au sein de son effectif et de modifier son dispositif tactique, que ce soit pour trouver des solutions à des résultats moins satisfaisants ou pour maintenir chacun des joueurs pleinement concerné.

- Plus d'automatismes avec des joueurs ayant l'habitude de jouer ensemble. Leur statut et la stabilité leur apportent plus d'assurance. Mais ces joueurs doivent être responsabilisés et avoir conscience de la confiance que leur donnent le club et l'entraîneur.

- Probabilité supérieure que des jeunes issus du centre de formation et ayant intégré l'effectif professionnel puissent avoir l'opportunité de jouer dans des matchs et de saisir leur chance.

- Plus de possibilités pour des jeunes du centre de formation de participer et de se distinguer aux entraînements et aux matchs avec le groupe professionnel lorsqu'il y a des blessures.

- Un signal positif pour recruter et garder les joueurs, tant ceux du centre de formation que les professionnels.

- Un renforcement de l'identité et de la culture interne avec des joueurs cadres respectés et des joueurs professionnels issus de la formation du club.

- Une meilleure allocation des ressources. En dégageant une capacité supérieure d'investissement par joueur en transfert et salaire, car celle-ci est ventilée sur un nombre de joueurs plus faible[66].

- Une meilleure protection des finances du club. Les clubs ne meurent pas d'une descente. Ils peuvent rebondir si le projet reste cohérent. Par contre, ils meurent d'une mauvaise situation financière et un sureffectif contribue à les fragiliser. Un club qui fait un dépôt de bilan redescend dans les tréfonds des championnats et peut attendre des décennies avant de revenir au plus haut niveau.

Un principe de club

La taille d'un effectif professionnel peut être influencée par la personnalité de l'entraîneur mais un dirigeant de club doit rester ferme. Le respect de la taille est une condition de la performance du club dans son ensemble, aussi bien sur la dimension sportive qu'économique.

Les clubs évoluant en Coupe d'Europe peuvent également être tentés d'avoir des effectifs plus fournis pour affronter les différentes compétitions. À ce propos, il est intéressant de se pencher sur un championnat d'outre-Manche. Un des pays exigeant le plus de matchs durant une saison est l'Angleterre avec un championnat sur 38 journées, une League Cup, une FA Cup ainsi que différentes compétitions européennes auxquelles certains clubs participent. Le tableau suivant réalisé sur le championnat anglais lors de la saison 2018-2019 confirme que s'appuyer sur un nombre restreint de joueurs n'est pas incompatible avec la

66 Il est intéressant de suivre le ratio divisé par le nombre de minutes jouées par joueur pour avoir une mesure de l'optimisation de l'allocation des investissements dans l'effectif.

performance dans différentes compétitions. Il est intéressant de noter que les clubs anglais utilisent en moyenne vingt-cinq joueurs sur cette saison, ce qui fait trois de moins que ce que nous avons vu en Ligue 1.

Nombre de joueurs utilisés par club de Premier League selon leur classement

Source : Premier League.

Les indicateurs de performance sont parfois bien enfouis dans le football. La saison de la descente en Ligue 2, en 2016-2017, le FC Lorient avait un effectif professionnel constitué de trente-et-un joueurs après des recrutements supplémentaires au mercato d'hiver. Sur cette saison, dix-huit joueurs concentrèrent les 90 % de temps de jeu réalisés. Un des objectifs du mercato d'été 2017 après la relégation était de diminuer la taille du groupe. Nous y étions partiellement parvenus avec un effectif de vingt-six joueurs. Sur la saison 2017-2018, les seize joueurs les plus utilisés avaient capturé 90 % du temps de jeu, ce qui tendait vers l'objectif. Cela ne nous empêcha pas d'échouer à monter en Ligue 1. La taille de l'effectif est un indicateur de performance, mais n'est certainement pas un gage de réussite à elle seule. Un autre paramètre est encore plus important : la constitution de l'effectif.

LA CONSTITUTION DE L'EFFECTIF

La formule qui gagne, par Ferran Soriano

Pour une taille cible de vingt-quatre joueurs, la constitution de l'effectif peut être la suivante :

- Les seize joueurs capturant plus de 87 % de temps de jeu, le noyau, sont ceux qui ont au minimum le niveau permettant d'atteindre les objectifs fixés par le club. La capacité de certains à jouer sur différents postes est un plus pour pallier d'éventuelles blessures. C'est dans ce noyau que l'on retrouve les cadres du groupe.

- Les huit joueurs permettant de compléter le groupe des vingt-quatre. On y retrouve deux gardiens et six joueurs de champ. Ce sont soit des joueurs expérimentés de complément soit, et de préférence, de jeunes joueurs à potentiel issus du centre de formation ou de la post-formation[67].

Ferran Soriano, ancien vice-président du FC Barcelone et directeur exécutif du City Football Group, conceptualise la formule

67 La post-formation représente les recrutements de joueurs à potentiel effectués sur une tranche d'âge de 18 à 22 ans environ.

suivante pour définir une équipe qui gagne dans son livre *La pelota no entra por azar* :

$$\textbf{Équipe qui gagne} = (\textbf{Engagement} \times \textbf{Équilibre})^{\text{talent}}$$

Les critères évoqués définissent élégamment les caractéristiques d'une équipe qui gagne. Je dirais même que c'est la formule d'un effectif qui gagne, car les joueurs ne faisant pas partie régulièrement de l'équipe ont un impact. Leur comportement dans le vestiaire et aux entraînements contribue également au succès de l'équipe et du club. Ferran Soriano fait preuve de profondeur d'analyse lorsqu'il énonce que le talent est le facteur exponentiel de l'engagement et de l'équilibre. Mais nous avons déjà vu des équipes avec beaucoup de talent qui sous-performaient parce qu'elles étaient déséquilibrées ou manquaient d'engagement. L'ensemble de ces critères, justement énoncés par Ferran Soriano, doivent être pris en compte lors de la constitution d'un effectif professionnel.

L'engagement de l'effectif

L'engagement correspond à la volonté d'un individu et d'un groupe d'atteindre ses objectifs et de faire tous les efforts nécessaires pour cela [68]. Notre performance face aux équipes classées de la dixième à la vingtième place du championnat 2017-2018 de Ligue 2 semblait indiquer qu'il y avait eu un déficit d'engagement. Nous avions perdu de nombreux points contre des équipes ayant moins de talent que la nôtre. L'engagement au sein d'un effectif est stimulé par l'association de plusieurs paramètres.

Paramètre n° 1 : Les conditions de la performance

68 Cette définition de l'engagement est similaire dans sa formulation à celle énoncée par Ferran Soriano dans son livre *La pelota no entra por azar*.

Nous savons désormais qu'un dirigeant travaille à la mise en place des conditions de la performance pour responsabiliser les joueurs et leur transmettre de la confiance. Ce premier paramètre est un facteur central du niveau d'engagement.

Paramètre n° 2 : Le sens que met le joueur dans son parcours au club

Plus un joueur se sentira à l'aise dans un club, plus il s'engagera et se concentrera sur la performance. Il est important de bien comprendre quelles sont les priorités du joueur avant de l'embaucher. Il faut que ce soit d'abord pour des raisons sportives. Si ses motivations financières sont prépondérantes, il est probable qu'il sera moins impliqué. Une première discussion avec un joueur ou un agent avant de rejoindre le club permet assez rapidement de ressentir l'ordre des priorités.

Ensuite, chaque joueur a son propre cycle au sein d'un club. Certains seront des joueurs de club et pourront rester de nombreuses saisons sans velléité de départ. D'autres, en manque de temps de jeu, souhaiteront partir rapidement et se relancer. Enfin, de jeunes joueurs à très fort potentiel verront le club comme un passage temporaire avant de rejoindre un plus grand club.

Il est important de bien saisir le timing d'un joueur et de ne pas se tromper. Un départ trop tôt ne sera positif ni pour le club ni pour le joueur. Au contraire, si vous gardez un joueur alors que son cycle est terminé, il ne sera pas focalisé intégralement sur le projet du club et son niveau d'engagement diminuera. Il suffit parfois d'un seul mauvais comportement pour tirer un groupe vers le bas. Il ne faut pas laisser s'introduire « le ver dans le fruit » et cela passe parfois par des décisions fortes. Cela peut consister à se séparer d'un joueur à des conditions économiques moins attractives afin de protéger la vie du groupe. C'est encore plus vrai s'il s'agit d'un joueur cadre de l'effectif.

Paramètre n° 3 : Des joueurs cadres qui inspirent

En 1926, Otto Köhler, un psychologue allemand du xxe siècle, demanda à des membres d'un club d'aviron de Berlin de faire des flexions jusqu'à ce qu'ils ne puissent plus en faire. Il observa des individus faisant des flexions en étant seuls puis en les mettant par groupes de deux ou trois avec une même barre. Il constata que la performance s'améliorait lorsque les rameurs travaillaient en groupe, les rameurs les plus faibles exerçant davantage d'efforts pour se mettre au niveau des autres. Faire le même travail, mais au sein d'un groupe, a un effet notable sur les performances sportives. C'est ce que l'on a appelé l'effet Köhler.

Dans le football, ce phénomène se voit avec des joueurs comme Cristiano Ronaldo ou Zlatan Ibrahimovic qui, en plus d'être de grands joueurs, sont des sources d'inspiration pour leurs coéquipiers en termes d'hygiène de vie, de longévité et de force de travail. Le niveau de responsabilisation et le comportement de ces joueurs, qui pourraient pourtant être rassasiés après une si longue carrière, sont des exemples pour les autres. Ils poussent leurs coéquipiers à relever leur niveau d'exigence. Chaque club, à son niveau, doit trouver ses « Cristiano Ronaldo », c'est-à-dire des joueurs cadres, lieutenants de l'entraîneur, qui vont être des exemples à suivre. Si les cadres ne sont pas exemplaires dans leur travail et attitude, l'engagement du groupe risque d'être tiré vers le bas et ils empêcheront l'émergence de nouveaux cadres plus positifs. Sans ces relais dans le vestiaire de joueurs, l'entraîneur et le staff technique éprouveront bien des difficultés à maintenir un haut niveau d'engagement.

La combinaison de ces trois paramètres est le fondement de l'engagement des joueurs. C'est ensuite à l'entraîneur de le cultiver. Un entraîneur est un manager de salariés dotés d'un fort ego et qui ont conscience de leur importance sportive et économique. À n'en pas douter, un bon entraîneur serait un excellent manager dans une entreprise plus classique.

Son management peut évoluer selon les caractéristiques de son effectif. Si c'est un effectif d'expérience et de qualité, l'entraîneur agira comme un guide qui délèguera de nombreuses responsabilités. Au contraire, si l'effectif est peu expérimenté, l'entraîneur devra être plus directif et prendre des décisions plus souvent pour le groupe.

Après une série de succès sur plusieurs saisons, une lassitude s'installe souvent dans un effectif. Pour la plupart des joueurs, il est possible de sentir naturellement lorsque le cycle s'achève. Mais pour des joueurs hors norme ou quand l'équipe a eu beaucoup de succès, c'est bien plus difficile.

Un dirigeant peut sentir qu'il faut procéder à un renouvellement et apporter de la fraîcheur, alors même que l'équipe continue à avoir des succès. Appliquer une telle stratégie est courageux et risqué. Si les résultats ne suivent pas rapidement, et c'est généralement le cas compte tenu du temps de latence entre la mise en place d'une stratégie et les résultats, on reprochera au dirigeant d'avoir cassé un modèle qui fonctionnait bien.

Il arrive aussi qu'une équipe réalise sur une saison une performance assez exceptionnelle par rapport à son statut. La plupart des agents vont venir voir le club pour renégocier le contrat de leur joueur ce qui oblige le club à faire un choix difficile. S'il n'ouvre pas la porte à une revalorisation, le joueur va vouloir capitaliser sur l'année réalisée et quitter le club pour obtenir de meilleures conditions. Dans la situation où le club participe à la Ligue des champions l'année suivante, doit-il renforcer son effectif ou garder la même enveloppe de rémunération pour ses joueurs ? Le plus simple est de continuer à faire confiance à l'équipe qui a eu du succès. C'est la stratégie qu'adoptèrent les Girondins de Bordeaux à l'été 2009, suite à leur titre de champion de France. La masse salariale du club était inférieure à 40 millions d'euros les années précédant leur titre de champion, dépassa les 60 millions d'euros la saison d'après et oscilla entre 45 et 60 millions d'euros les saisons suivantes. Alors que les Girondins avaient fini cinq fois dans les cinq premiers du championnat entre la période 2000 et 2008, le club ne fit jamais mieux, après leur titre de champion, qu'une cinquième place de Ligue jusqu'en 2020. La situation financière du club ne cessa de se dégrader jusqu'à ce que le club soit placé sous la protection du Tribunal de commerce en avril 2021[69].

Gérer la transition post-saison exceptionnelle engendre des difficultés managériales. Au péril de voir l'engagement de l'équipe diminuer et mettre en difficulté les finances du club, une telle saison oblige souvent à partir sur un nouveau cycle. Ceci est nécessaire pour protéger la situation économique du club et assurer un niveau d'engagement élevé pour aborder les saisons suivantes. Ce ne sont pas des décisions populaires, mais elles sont nécessaires.

L'équilibre et la théorie du maillon faible

L'équilibre d'un groupe correspond tout d'abord à la complémentarité entre les profils de l'effectif et la compréhension du rôle de chacun[70]. De nombreux critères peuvent être suivis par joueur et selon le poste. Les composantes athlétiques, techniques, tactiques et mentales sont les plus évidentes. Mais il est possible d'aller à un niveau de granularité supérieur. Dans la seule composante athlétique, on peut évaluer la vitesse, la

69 https://www.lequipe.fr/Football/Actualites/King-street-lache-les-girondins-de-bordeaux/1245270, février 2021.

70 Cette définition de l'équilibre est similaire dans sa formulation à celle énoncée par Ferran Soriano dans son livre *La pelota no entra por azar*.

puissance, la taille, le nombre de courses sous haute intensité, le volume de jeu. Au niveau technique, on peut s'intéresser à la qualité de passe vers l'avant, la qualité des contrôles sous pression, le jeu de tête. D'un point de vue tactique, à la capacité à analyser le jeu avant de recevoir le ballon, au jeu sans ballon, à la maîtrise de la défense en zone. Sur les aspects mentaux, on pourra analyser les efforts défensifs, la réaction lorsqu'un équipier rate une passe, la qualité de l'échauffement, la capacité à répondre présent dans les matchs à fort enjeu. Tous ces critères ne sont pas exhaustifs et il est bien rare de trouver un joueur performant sous toutes ces dimensions. Un des éléments de l'équilibre d'un effectif consiste donc à associer des joueurs ayant des qualités différentes et complémentaires.

La stabilité d'un effectif sur la durée est un autre élément permettant de protéger l'équilibre. Un groupe de joueurs évoluant durant plusieurs saisons ensemble dans un même club renforce ses automatismes sur le terrain. Des liens se tissent entre eux et avec le club. C'était le cas par exemple du FC Barcelone lors des années 2010, avec des joueurs comme Lionel Messi, Andres Iniesta, Xavi, Sergio Busquets, Victor Valdes ou Carles Puyol qui évoluèrent de nombreuses années ensemble au centre de formation de La Masia puis dans l'effectif professionnel.

L'observatoire du football CIES publia un rapport démontrant une corrélation positive entre la stabilité d'un effectif et le succès d'une équipe[71]. Pour les clubs à petit budget, la stabilité de l'effectif est plus compliquée à obtenir, car les meilleurs joueurs sont sollicités par des clubs plus huppés et il est bien difficile de les garder. Une des options est de s'appuyer sur des joueurs originaires de la région du club, comme le fait l'Athletic Bilbao. Entre 2010 et 2019, ce club n'a utilisé que soixante-dix-sept joueurs, meilleure performance selon une étude CIES effectuée

---

71 https://football-observatory.com/IMG/sites/mr/mr34/fr/, février 2021.

sur un échantillon de quarante-deux clubs des cinq plus grands championnats européens [72].

De même, laisser partir, au même mercato, les deux joueurs constituant une solide charnière centrale de l'équipe, c'est prendre le risque de casser l'équilibre défensif. Les départs devraient se prévoir de façon séquentielle, surtout si l'on touche aux points forts de l'équipe.

D'autre part, d'un point de vue médiatique, ce sont souvent les joueurs offensifs qui récoltent les lauriers du succès collectif. Chaque année, le magazine *France Football* interroge des journalistes internationaux afin de choisir le meilleur footballeur du monde, qui sera le Ballon d'or de la saison. Si nous regardons la liste des Ballons d'or de ces trente dernières années, seuls trois défenseurs ont été sacrés, à savoir Lothar Matthäus en 1990, Matthias Sammer en 1996 et Fabio Cannavaro en 2006. L'immense majorité des joueurs consacrés sont à des postes offensifs, que ce soient Lionel Messi, Cristiano Ronaldo, Kaka, Ronaldinho, Chevtchenko, etc.

Les joueurs offensifs sont ceux qui produisent le plus d'émotions. C'est pour cela que ces joueurs sont les plus reconnus. Mais ces stars mondiales auraient bien du mal à exister sans des coéquipiers de haut niveau.

Florentino Perez, homme d'affaires à succès dans le BTP espagnol, devint président du Real Madrid à l'été 2000. Sa stratégie surnommée « Galactiques » était de recruter une superstar par an et d'avoir une équipe constituée des meilleurs joueurs du monde. Ce projet démarra par le recrutement de Luis Figo, qui quitta le FC Barcelone pour rejoindre le Real Madrid. Ce transfert fut suivi de l'arrivée de Zinédine Zidane en 2001, Ronaldo en 2002 et David Beckham en 2003. Cette stratégie permit

72 https://football-observatory.com/IMG/sites/mr/mr50/fr/, février 2021.

au Real Madrid de développer considérablement ses revenus commerciaux. Durant les premières années de son mandat, avec l'entraîneur Vicente Del Bosque, cette stratégie sportive fut payante avec deux Ligas remportées en 2001 et 2003 et une Ligue des champions en 2002.

Pendant le mercato d'été 2003, le Real Madrid accepta de se séparer de son milieu de terrain français, Claude Makélélé, et de le laisser partir au club de Chelsea FC. Claude Makélélé était un milieu de terrain réputé pour son activité défensive et sa capacité à récupérer de nombreux ballons. C'était un titulaire indiscutable de son équipe avec plus de quarante matchs effectués chaque saison. Ce n'était pas le joueur qui vendait le plus de maillots de la galaxie Real Madrid, mais son travail de l'ombre était essentiel pour l'équilibre de l'équipe.

Suite à son départ, les résultats du Real Madrid se dégradèrent et Carlos Queiroz, qui avait remplacé Vicente Del Bosque à l'été 2003 au poste d'entraîneur, a dit récemment qu'une des principales raisons de la baisse de performance de l'équipe fut le départ de Claude Makélélé[73].

Dans le livre *The Numbers Game*, Chris Anderson et David Sally font une analyse dans laquelle ils concluent que le football est un sport de maillon faible. Au lieu de se concentrer à recruter des stars, un club devrait plutôt s'assurer qu'il y a un bon niveau d'homogénéité entre les joueurs du groupe. Pour arriver à cette conclusion, Chris Anderson et David Sally ont utilisé l'index de performance Castrol, qui était un système de notation créé par la société éponyme pour évaluer tous les joueurs évoluant dans les cinq plus grands championnats européens[74]. Cet index fut développé en collaboration avec la FIFA[75] entre 2008 et 2014.

73 https://www.sofoot.com/florentino-perez-le-coach-surfeur-215009.html, février 2021.

74 Angleterre, Espagne, Allemagne, Italie et France.

75 Fédération internationale de football association.

Connaissant la complexité à quantifier la performance d'un joueur et les différences de notation qu'il peut y avoir par poste, Chris Anderson et David Sally décidèrent de faire une analyse relative plutôt qu'absolue. C'est-à-dire d'attribuer un pourcentage maximal au joueur ayant la meilleure note par poste. Par exemple, Mats Hummels avec 872 points avait la meilleure note des défenseurs à l'issue de la saison 2010-2011. Cela correspond à une notation de 100 %. Gerard Piqué ayant une note de 864, cela se traduit en valeur relative par une notation de 99,1 %[76]. Ensuite, au sein d'un effectif, cette méthode permettait de comparer le maillon le plus fort ayant le pourcentage le plus élevé et le maillon le plus faible avec le pourcentage le plus bas.

Ensuite, Chris Anderson et David Sally étudièrent l'effet sur le nombre de points de l'équipe de l'amélioration du maillon faible ou du maillon fort de l'effectif. Il en ressort qu'améliorer son maillon faible de 10 %, en le faisant passer de 38 % à 48 % par exemple, équivaut à 9 points de plus au classement sur une saison sportive. Cette même amélioration de 10 % sur le maillon fort se traduit par 5 points en plus au classement.

Cette analyse ne dit pas qu'il est dénué d'intérêt d'avoir des stars dans l'effectif, mais que l'impact marginal d'une amélioration de ses maillons faibles est supérieur.

Il est trop simplificateur d'analyser les performances individuelles sans prendre en compte l'impact de la qualité du jeu de l'équipe. De plus, l'effet Köhler nous a montré qu'un maillon fort peut faire progresser des maillons faibles. Mais cette analyse a le mérite de nous faire revenir à la notion d'équilibre et d'homogénéité d'un effectif. Comme le disait Johan Cruyff, « le football est un jeu d'erreurs. Celui qui commet le moins d'erreurs gagne la partie ». Il vaut mieux se concentrer sur l'amélioration de ses maillons faibles. C'est peut-être moins populaire,

76 Soit 864 divisé par 872.

mais cela a plus d'impact. D'autant plus que cela coûte moins cher que de renforcer ses maillons forts.

Pour préserver l'équilibre d'un effectif, la cohérence d'une grille de salaires joue également un rôle. Si un joueur obtient une rémunération bien supérieure à d'autres joueurs, en particulier si c'est une nouvelle recrue, cela peut créer des tensions, surtout si sa rémunération est en décalage avec son niveau de performance.

L'équilibre d'un effectif est fragile et c'est la combinaison des quatre dimensions énoncées : la complémentarité, la stabilité, l'homogénéité de l'effectif et la cohérence de la grille des salaires.

Le talent, l'élément central

Le talent est le critère le plus important dans un effectif. La forte corrélation entre la masse salariale et les résultats sportifs en témoigne. Le talent se paie, et dans le football il se paie cher. Mais en l'achetant on se donne le moyen de ses ambitions. Sans talent, il est bien difficile d'atteindre ses objectifs.

Il existe un indicateur du talent d'un joueur, à savoir sa valeur marchande sur le marché des transferts. Le montant d'un transfert correspond à la rencontre de l'offre et de la demande entre des clubs vendeurs et acheteurs de talents. Au-delà de la valeur sportive du talent à un instant précis, le montant d'un transfert est également influencé par l'âge du joueur (le potentiel restant à saisir), son poste et sa durée de contrat restante. Il pourra également être impacté par la profondeur du marché à ce poste ou par la nationalité du talent qui est susceptible de générer un essor des revenus commerciaux. Par exemple, un joueur d'origine coréenne de grand talent aura une valeur sportive à laquelle les clubs rajouteront une valeur commerciale dérivée de l'exposition supplémentaire que ce joueur générera dans son pays d'origine.

Historiquement, le talent offensif était le plus valorisé, comme nous l'avons vu avec les consécrations de Ballons d'or. Néanmoins, ces dernières années ont vu des joueurs à vocation défensive de plus en plus valorisés. Un signe que les clubs ont saisi l'importance du rôle dans la performance de joueurs moins visibles. Le défenseur central Harry Maguire fut transféré à Manchester United pour une valeur estimée à 87 millions d'euros à l'été 2019, soit le quatorzième transfert le plus élevé de l'histoire. Le gardien de but Kepa Arrizabalaga rejoignit le club de Chelsea FC pour une valeur estimée de 80 millions d'euros à l'été 2018[77].

Créé en 2000 par Matthias Seidel, le site Transfermarkt est une immense base de données du football mondial qui affiche la plupart des informations sur les matchs, les résultats et les joueurs. C'est également un site qui synthétise l'ensemble des transferts réalisés et attribue sa propre valeur marchande à chaque joueur professionnel de football.

Les montants de transferts étant confidentiels, je me rendais parfois sur Transfermarkt afin de comparer leurs chiffres avec la réalité du FC Lorient. La valeur marchande assignée aux joueurs pouvait parfois paraître éloignée de la réalité, mais en faisant mes propres estimations de l'effectif global selon ma sensibilité du marché et la valeur attribuée par Transfermarkt, je retombais sur des chiffres similaires. Les maillons forts sont plutôt sous-évalués sur Transfermarkt, mais ceci est compensé par des valorisations trop importantes de joueurs de complément.

Pour avoir une deuxième estimation, je pouvais aller sur un autre site, le simulateur du CIES[78], pour estimer le prix d'un joueur, même si la base de données est plus restreinte, car elle se limite aux plus grands championnats européens.

77 https://www.transfermarkt.fr/statistik/transferrekorde, février 2021.
78 https://football-observatory.com/-valeurs-123015, février 2021.

La valeur marchande d'un effectif semble donner une bonne estimation des talents dans un club. Connaissant l'importance centrale du talent dans la performance, il devrait donc exister une forte corrélation entre la valeur marchande d'un effectif et les résultats sportifs.

LA VALEUR D'UN EFFECTIF

Un nouvel indicateur de performance

Une étude de McKinsey sortie en septembre 2020[79] démontre effectivement qu'il existe une forte corrélation, de 59 %, entre la valeur marchande d'un effectif et la performance sportive.

Corrélation entre la valeur marchande d'un effectif et la performance sportive

Équipes de Bundesliga, Premier League, Serie A et La Liga, entre 2014-2015 et 2018-2019

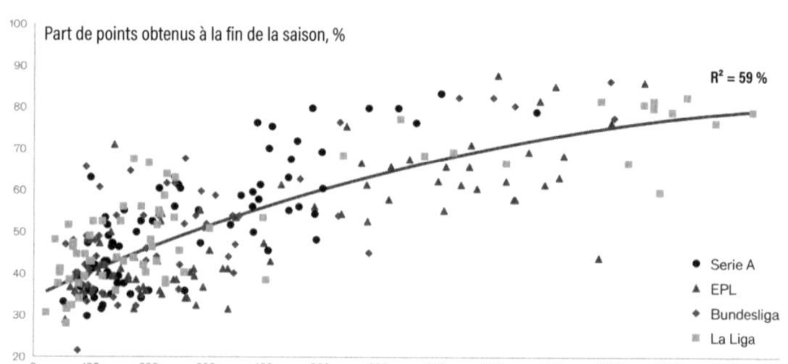

Source : Analyse McKinsey basée sur des données Transfermarkt.

Valeur marchande de l'effectif en début de saison, millions d'euros (moyenne sur 2018-2019)

79 *The value pitch : The importance of team value management* | McKinsey, février 2021.

Cette analyse nous permet de confirmer l'intérêt de cet indicateur de performance. Augmenter la valeur de son effectif accroît les chances de performance sportive. Cet indicateur a l'intérêt de se positionner sur un horizon plus large qu'une série de résultats. Il est également plus facile de trouver des leviers managériaux pour l'améliorer.

Nous savons qu'il existe une forte corrélation entre les revenus ou la masse salariale d'un club et ses résultats sportifs. Il serait pourtant peu avisé de définir le montant de la masse salariale comme un indicateur de performance dans le management d'un club. La masse salariale doit rester en lien avec les revenus. Il est nécessaire de maintenir un ratio d'allocation de masse salariale aux revenus avec transferts autour de 50 %. Ce n'est qu'en faisant croître ses revenus que le club se donne la possibilité d'augmenter sa masse salariale.

La capacité à développer les revenus est un meilleur indicateur de performance. Mais pour la plupart des clubs de football, la croissance des revenus est soumise à la qualité des résultats sportifs. Seul le cercle restreint des plus grands clubs européens ou les franchises américaines ont une marge de manœuvre suffisante pour dégager des revenus moins corrélés aux résultats sportifs en diversifiant leur chiffre d'affaires. Mais leurs revenus restent essentiellement dépendants de leurs résultats sportifs ou de la valeur de l'effectif[80]. C'est bien le pôle sportif qui détient les clés de la croissance des revenus. Les efforts effectués sur les dimensions non sportives doivent être menés et permettent d'aller chercher des revenus, mais ils ne seront véritablement des succès que si la performance sportive suit.

Un club parvenant à faire croître la valeur de son effectif devrait voir sa performance sportive s'améliorer. Et si celle-ci s'amé-

80 https://scholarship.claremont.edu/cgi/viewcontent.cgi?article=2302&context=cmc_theses, février 2021.

liore, ses revenus augmenteront et le club aura plus de latitude pour accroître sa masse salariale et augmenter ainsi la valeur de son effectif. C'est vers ce cercle vertueux qu'un dirigeant de club doit tendre. L'indicateur de performance utilisable étant la maximisation de la valeur de son effectif.

Les leviers d'amélioration

Il existe deux principaux moyens d'augmenter la valeur de son effectif.

Le premier moyen est d'injecter des liquidités dans le club et d'investir sur le marché des transferts. Ce fut la stratégie de nombreux investisseurs depuis les années 2000. La première et la plus marquante fut l'arrivée du milliardaire russe Roman au club de Chelsea FC en 2003, qui investit plus de 130 millions d'euros lors de sa première saison. Un autre exemple fut le rachat de Manchester City en 2008 par Sheikh Mansour. Entre 2000 et 2020, Manchester City et Chelsea sont les clubs à avoir dépensé le plus en achats de joueurs, avec un peu plus de 2 milliards d'euros investis en indemnités de transferts pour chaque club[81].

À noter que la corrélation entre les sommes investies et les résultats sportifs n'est pas démontrée. Lorsque l'on prend pour exemple les investissements du club de Chelsea ou de Manchester City, cela s'est traduit par une explosion de la valeur marchande de l'effectif et par de meilleurs résultats sportifs. Mais si nous regardons les mouvements sur la majorité du marché, la corrélation ne ressort pas. L'équipe du Bayern Munich remporta la Ligue des champions en août 2020 contre

81 https://www.transfermarkt.fr/transfers/einnahmenausgaben/statistik/plus/ids/a/sa//saison_id/2000/saison_id_bis/2020/land_id//nat//pos//altersklasse//w_s//leihe/ohne/intern/1/0//sort/saldo.desc, février 2021.

le Paris Saint-Germain. La constitution de son effectif coûta environ 100 millions d'euros, soit moins de la moitié que le seul transfert de Neymar au PSG pour un montant de 220 millions d'euros à l'été 2017[82].

Le deuxième moyen, et le plus fréquent, pour augmenter la valeur de son effectif, consiste à piloter rigoureusement le portefeuille de joueurs. Comme le suggère cette même étude McKinsey, il existe trois leviers pour améliorer la gestion du portefeuille de joueurs :

1. **La progression des joueurs du groupe professionnel**

   La progression des joueurs du groupe professionnel dépend des éléments que nous avons vus précédemment. De la mise en place des conditions de performance au déploiement d'une approche structurée. L'entraîneur aura la responsabilité de faire progresser ses joueurs et d'y dégager le meilleur équilibre collectif et un fort niveau d'engagement.

2. **L'émergence de joueurs du centre de formation vers le groupe professionnel**

   L'émergence de jeunes joueurs du centre de formation vers le groupe professionnel est le fruit d'un long et fragile processus. Il ne suffit pas d'avoir de bons jeunes joueurs pour qualifier de performant un centre de formation. La finalité est d'avoir des joueurs issus du club jouant régulièrement dans l'équipe professionnelle.

3. **Le *trading* efficient du portefeuille de joueurs durant les périodes de mercato**

82 https://talksport.com/football/747694/psg-neymar-mbappe-transfer-fees-cost-bayern-munich-champions-league-final/, février 2021.

> Le *trading* efficient du portefeuille de joueurs s'appuie sur la qualité de la feuille de route et sur l'optimisation des négociations pendant la période du mercato. Pour remplacer un joueur, s'il n'y a pas de jeunes joueurs du centre de formation répondant au besoin, le club comptera sur sa cellule de recrutement. Cette cellule devra être en mesure d'identifier les bons profils correspondant au besoin de l'effectif.

Pour maximiser la valeur d'un effectif, la progression des joueurs du groupe professionnel est un levier qui ne se suffit pas. Un centre de formation performant et un recrutement judicieux sont deux autres leviers que nous aborderons dans les deux chapitres suivants.

La valeur d'un effectif indique le talent, mais aussi implicitement le niveau d'équilibre et d'engagement, car une équipe qui gagne est une équipe qui est aussi performante dans ces deux autres composantes. Il est plus complexe de définir une valeur d'effectif au sein d'une entreprise classique. Il n'existe pas de marché de transferts de salariés dans d'autres secteurs. Néanmoins, les notions d'engagement, d'équilibre et de talent se retrouvent au sein de toute équipe performante, quel que soit le secteur.

10

LE CENTRE DE FORMATION : LA R&D D'UN CLUB

LA MISSION DU CENTRE DE FORMATION

Une formation qui monte en puissance

De nombreux joueurs évoluant sous les ordres de Christian Gourcuff avaient vu leur carrière décoller ou rebondir. Le FC Lorient s'était créé une réputation de club tremplin, ce qui le rendait attractif et aidait le processus de recrutement. Il s'était spécialisé dans le recrutement des plus forts potentiels de Ligue 2, et c'est ainsi que de nombreux joueurs rejoignirent le club comme Christophe Jallet en provenance des Chamois niortais, Laurent Koscielny venant du Tours FC ou aussi Raphael Guerreiro formé au SM Caen. Le club savait également identifier des joueurs à potentiel, mais qui étaient en échec sportif, pour les relancer, comme Kevin Gameiro qui venait de vivre une relégation avec le RC Strasbourg, Jérémie Aliadière, un ancien grand espoir du football français ou aussi Vincent Aboubakar qui était souvent remplaçant au Valenciennes FC.

Mais peu de joueurs évoluant dans l'effectif de Christian Gourcuff étaient issus du centre de formation du club. Les trois principaux exemples étant André-Pierre Gignac, Jérémy Morel et Mario Lemina.

Avec l'ouverture du centre d'entraînement du FC Lorient en 2013, le centre de formation disposait désormais de bonnes conditions de travail. En 2015, l'effectif du FC Lorient ne comptait pas un seul joueur issu de son centre de formation, et était le seul club français dans ce cas. C'était un enjeu stratégique pour le club de changer cette situation et le travail initié quelques années auparavant allait commencer à porter ses fruits.

Clubs dont l'effectif ne compte aucun joueur formé dans le club

2015

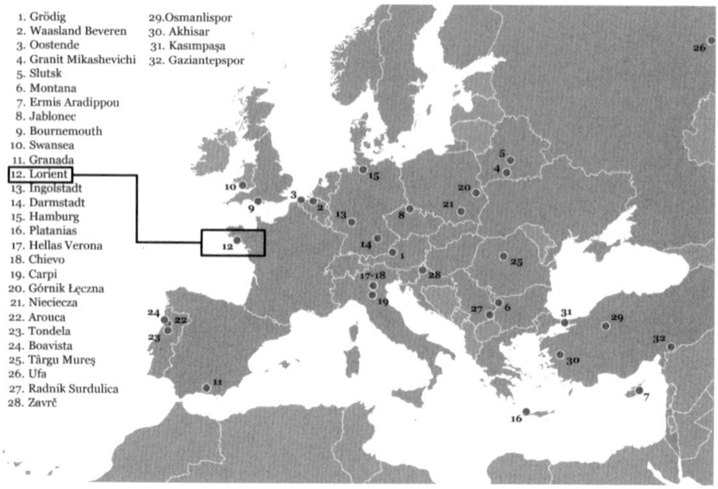

Source : CIES. Rapport, https://football-observatory.com/IMG/pdf/mr09_fra.pdf.

En 2016-2017, le FC Lorient réalisa un beau parcours en Coupe Gambardella, l'équivalent de la Coupe de France chez les jeunes de moins de 19 ans. Le club élimina le Stade rennais en seizième de finale puis le SC Bastia en huitième de finale avant de s'incliner un à zéro contre l'AJ Auxerre en quart de finale. Dans cette équipe de jeunes du FC Lorient, nous retrouvions Illan Meslier dans les buts, Matteo Guendouzi au milieu de terrain et Alexis Claude-Maurice en milieu offensif. Ces matchs envoyaient le signal qu'il y avait de bons jeunes joueurs qui pourraient renforcer l'effectif professionnel prochainement.

La R&D d'un club de football

La grande majorité des clubs professionnels ont un centre de formation où ils investissent chaque année plusieurs millions d'euros. Un club comme l'Olympique lyonnais a un budget supérieur à 10 millions d'euros consacré à sa formation. Le Stade rennais investit environ 7 millions d'euros chaque année dans son centre. Au FC Lorient, nous étions dans la fourchette moyenne d'investissement des clubs professionnels avec environ 3,5 millions d'euros de budget.

Lorsque l'on met en perspective ces montants avec les revenus des clubs, un centre de formation représente approximativement 10 % du budget. Pour certains clubs de Ligue 2, cela se rapproche même de 20 % du budget, en particulier pour ceux ayant été longtemps en Ligue 1, car la relégation n'entraîne pas de baisse substantielle des charges de fonctionnement d'un centre de formation. En effet, que vous soyez en Ligue 1 ou en Ligue 2, ce n'est pas une baisse des salaires des joueurs en formation qui va réduire significativement vos charges. Les principales dépenses sont le coût d'entretien des infrastructures, le salaire des équipes d'éducateurs, les transports, les équipements, les coûts sur la partie académique, etc.

Investir dans un centre de formation peut s'assimiler à des dépenses de recherche et développement (R&D). À la différence que vous investissez dans le potentiel d'un être humain. Vous y avez décelé des caractéristiques du haut niveau et vous souhaitez l'aider à saisir ce potentiel.

Sur environ 2 000 joueurs évoluant dans les centres de formation français, plus de 1 600 ne signeront jamais de contrat professionnel, soit plus de 80 %. Et sur deux joueurs ayant signé leur premier contrat professionnel, seul l'un des deux fera une carrière. Cela oblige le club à être irréprochable dans la formation académique. Au FC Lorient nous étions satisfaits des résultats scolaires de nos jeunes car nous obtenions chaque année 100 % de réussite au baccalauréat. Nous proposions aussi des parcours postbac et plusieurs de nos joueurs professionnels suivirent des BTS en parallèle de leur carrière.

Un club qui dépense 3,5 millions d'euros par an dans son centre de formation devra générer 5 millions d'euros de revenus par an à partir de la troisième année d'existence du centre et durant vingt années consécutives pour atteindre un retour sur investissement de 10 %. Pourtant, le pilotage du retour sur investissement d'un centre de formation est rarement suivi au sein d'un club.

Tout d'abord, il est complexe à calculer. Les revenus d'un centre de formation ne représentent pas uniquement les montants de transferts de jeunes formés au club, mais incluent également des économies indirectes. Un joueur formé au club n'aura rien coûté en transfert mis à part d'éventuelles indemnités de formation. De même, le salaire d'un joueur issu du club est sensiblement inférieur à celui d'un joueur d'une qualité similaire qui serait recruté à l'extérieur. Un club connaît bien mieux la personnalité d'un joueur issu du centre que celle d'un joueur recruté, ce qui améliore les chances de son intégration dans l'effectif professionnel.

Par ailleurs, la mission du centre de formation d'un club n'est pas toujours assez bien définie, ce qui peut entraîner des dérives. Vu que l'immense majorité des jeunes ne fera pas de carrière professionnelle, le club a la responsabilité de les préparer également à la vie hors football. C'est pourquoi un centre de formation doit former des hommes complets, tant du point de vue sportif qu'académique, avec de solides valeurs. Si l'on se réfère plus précisément à l'approche économique de retour sur investissement, la mission d'un centre de formation est de former des joueurs pour qu'ils participent de façon régulière aux matchs de l'équipe première du club formateur. Pourtant, certains clubs se concentrent trop exclusivement sur la performance immédiate en délaissant le développement du joueur sur un horizon plus lointain.

La championnite chez les jeunes

Une illustration de dérive de la mission d'un centre de formation est la « championnite ». C'est un phénomène qui consiste à se focaliser sur les victoires et les titres remportés par les jeunes. On voit des parents qui se projettent excessivement sur leurs enfants, des éducateurs qui se transforment en entraîneurs et estiment qu'ils seront reconnus s'ils obtiennent des titres, des dirigeants qui éprouvent de la fierté en observant les bons résultats des équipes de jeunes et questionnent les éducateurs si les résultats ne sont pas là.

Chez les jeunes, la dimension athlétique est souvent celle qui fait la différence. Sur une catégorie d'âge, des différences morphologiques peuvent être très significatives. Chaque enfant n'a pas le même processus de développement et il peut y avoir des différences sur le terrain entre un joueur né en janvier face à un autre joueur né en décembre de la même année. Une étude de novembre 2016 réalisée par l'UEFA confirme la tendance à privilégier les joueurs à maturité précoce. Lors du tour final du Championnat d'Europe des moins de 17 ans en mai 2016 en Azerbaïdjan, sur un total de 288 joueurs au sein des seize équipes engagées, seuls vingt-quatre joueurs (8 % du total) sont nés dans le dernier trimestre de l'année. En revanche, 135 joueurs (47 %) sont nés durant le premier trimestre.

Mois de naissance des joueurs

Tour final 2016 du Championnat d'Europe des moins de 17 ans (288 joueurs)

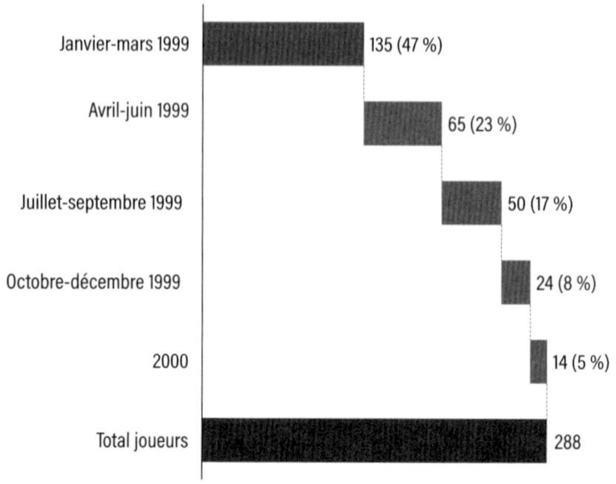

Source : https://editorial,uefa,com/ressources/0233-0f842c080b1c-bae6c6d42ef3-1000/uefa_direct_162_31.10.2016_pdf.

Cette problématique n'est pas spécifique au football, et se vérifie aussi dans d'autres sports, que ce soit dans le rugby, le hockey sur glace ou l'athlétisme, comme le montrent de nombreuses études sur le sujet.

Il n'existe aucune corrélation entre le succès dans des catégories de jeunes et la réussite d'un centre de formation. À titre d'exemple, l'Olympique lyonnais, le meilleur club formateur de France selon le CIES [83], remporta la Coupe Gambardella pour la dernière fois il y a plus de 20 ans en 1997. Cela n'empêche pas que les jeunes doivent s'imprégner de la compétition et se responsabiliser pour se préparer au monde professionnel. Leur développement passera par des confrontations face à des oppositions de qualité. Il est donc important que les équipes de jeunes d'un club professionnel évoluent dans les plus hautes divisions de leur catégorie. Mais les jeunes jouent au football

83 https://football-observatory.com/IMG/sites/b5wp/2020/wp312/fr/, février 2021.

parce qu'ils aiment cela. Le plaisir de jouer, la joie de vivre une aventure collective doivent rester au centre de l'attention des éducateurs.

En synthèse, il convient qu'un dirigeant énonce très clairement la mission en interne. Il doit souligner que l'objectif n'est pas de faire de la « championnite ». S'ensuit une succession d'étapes dans le parcours de formation. Si une seule de ces étapes est défaillante, c'est l'ensemble du processus qui devient alors vulnérable.

UN PROCESSUS FRAGILE

Le recrutement chez les jeunes

La première étape du processus de formation consiste à effectuer un bon recrutement. Une stratégie possible est de prendre le marché à contre-courant et de se spécialiser dans le recrutement de joueurs étant nés en deuxième partie d'année ou dans des joueurs qui semblent être à maturité tardive. L'avantage de cette stratégie est de s'éloigner de la forte concurrence qui existe entre les clubs de football qui cherchent à recruter les talents les plus visibles. Dans cette stratégie, on prend le pari qu'en grandissant, ces jeunes combleront leur déficit athlétique. Si en grandissant, le joueur développe ses caractéristiques athlétiques, il deviendra un joueur complet. Si le déficit athlétique n'est pas compensé, il sera difficile pour ces joueurs d'évoluer au niveau professionnel car ils n'auront pas forcément de meilleures prédispositions sur les dimensions techniques ou d'intelligence de jeu.

Il est nécessaire de ne pas sous-estimer la question de l'adaptation des jeunes à la vie du centre de formation. Ils se retrouvent éloignés de leur famille à un jeune âge et le club a le devoir de les mettre dans de bonnes conditions pour qu'ils puissent s'épanouir. L'univers d'un centre de formation est très compétitif. Dans la mesure du possible, un club laisse le joueur dans son environnement familial le plus longtemps possible.

Un centre de formation doit trouver un bon équilibre dans la constitution de ses effectifs. Si possible, les joueurs issus d'un rayon de 200 kilomètres autour du club représenteront la majorité des recrutements. Il vaut mieux que le recrutement de joueurs provoquant un déracinement de leur environnement familial et culturel soit ponctuel et s'adresse à des joueurs à très fort potentiel. Un effort supplémentaire d'intégration, avec potentiellement le déménagement de la famille, devra leur être apporté pour limiter l'impact psychologique.

Le recrutement de joueurs en post-formation est aussi en fort développement. Il consiste par exemple à cibler des joueurs entre 18 et 22 ans qui n'ont pas réussi à devenir professionnels dans un centre de formation et qui évoluent, avec succès, dans des clubs amateurs.

Le développement de l'intelligence des joueurs

Quel que soit l'âge auquel un joueur arrive dans un centre de formation, le club lui propose un parcours scolaire adapté. Le FC Lorient a dans son centre d'entraînement une école privée avec des salles de classe pour trois à dix élèves au maximum. D'autres clubs ont fait le choix de nouer des partenariats avec des établissements scolaires où leurs jeunes effectuent leurs études dans des classes en compagnie d'autres élèves. L'école privée a l'avantage d'apporter un soutien individualisé si les résultats scolaires ne sont pas satisfaisants. Il est aussi plus facile de personnaliser les programmes scolaires et d'échanger les informations entre les enseignants et les éducateurs du centre. Le désavantage de ce système est que le joueur évolue en relative autarcie durant une partie de son adolescence. Il côtoie peu de jeunes suivant des parcours académiques classiques. Une autre possibilité est d'emmener les jeunes dans des établissements scolaires dédiés à des sportifs de haut niveau. Cela leur permet de s'enrichir d'autres profils et d'évoluer dans un environnement mixte.

Andrea Pirlo, l'ancien milieu de terrain de l'équipe d'Italie avec 116 sélections en équipe nationale, disait : « Le football se joue avec la tête, les pieds ne sont que des outils. » Une bonne performance académique ne permet pas seulement d'assurer le futur du jeune qui ne devient pas footballeur professionnel. Elle permet également à ceux qui deviendront footballeurs professionnels d'être plus performants. Une attention particulière doit être portée à la communication orale et à la maîtrise de langues étrangères. Une carrière est souvent internationale et savoir parler plusieurs langues permet de mieux s'intégrer ou d'aider à l'incorporation de joueurs étrangers. De même, un footballeur est un personnage public qui va être amené à s'exprimer par voie de presse ou dans les réseaux sociaux. Une communication mal maîtrisée envoie un mauvais signal aux clubs susceptibles de le recruter ou à des entreprises souhaitant associer leur marque à son nom. Le développement de l'intelligence de jeu est également au centre du parcours de formation d'un joueur. Chaque club, selon sa culture, va mettre en place une méthodologie sportive de formation.

Une méthodologie, mais pas de dogmatisme

Les éducateurs d'un centre de formation reproduisent des situations de match à l'entraînement. L'éducateur a pour but de développer la capacité d'improvisation de ses joueurs face aux nouveaux problèmes auxquels ils sont confrontés. Nous avions installé en 2018, sur tous les terrains du centre d'entraînement, des caméras permettant de filmer les séances. Pour tendre vers la responsabilisation, l'éducateur doit provoquer un questionnement des joueurs sur leur propre performance. Une façon de procéder est de demander à un joueur de présenter son analyse sur la base d'un échantillon vidéo et d'échanger avec l'éducateur et ses coéquipiers. En agissant de la sorte, progressivement, le joueur devient acteur de son propre apprentissage. Il crée petit à petit ses certitudes et apprend à trouver par lui-même les solutions aux problèmes qu'il rencontre. Le directeur du centre de formation du FC Lorient, Régis Le Bris, était régulièrement accompagné par un consultant externe brillant, Claude Fauquet, ancien directeur technique national de natation durant la période faste de l'équipe de France des années 2000. Claude Fauquet m'avait un jour cité Edgar Morin, un sociologue français qui disait à propos des sportifs de haut niveau : « Il faut apprendre à naviguer dans un océan d'incertitudes à travers des archipels de certitude. »

Lorsque l'on construit une méthodologie de formation, s'ensuit le déploiement. Un club comme l'Olympique lyonnais a créé un département méthodologique. Ce département a pour objectif de fournir aux personnes participant au développement des joueurs un outil de gestion des connaissances et de diffusion de la culture du club au sein de l'académie. Ces personnes ont accès aux concepts essentiels du projet de jeu du club [84].

---

84 Jean-François Vulliez, ADN OL et football à la lyonnaise (nosotrosxp.com), février 2021.

Plusieurs clubs espagnols ont récemment développé le rôle de directeur de la méthodologie qui a la responsabilité de formaliser la méthodologie de la formation, d'accompagner tous les éducateurs à celle-ci, puis de s'assurer qu'elle est bien mise en place dans toutes les catégories d'âge. Comme pour les joueurs, les éducateurs doivent s'approprier la méthodologie et y mettre du sens. Il ne suffit pas de recopier et reproduire. Il est également nécessaire de ne pas devenir dogmatique et croire que la méthodologie qui a été formalisée est immuable. Les succès du centre de formation les années passées ne doivent pas avoir pour effet de limiter les remises en cause internes.

La transition vers le monde professionnel

Le passage de l'univers d'un centre de formation au monde professionnel est semé d'embûches pour un jeune joueur. Durant son parcours de formation, un joueur à haut potentiel est régulièrement titulaire dans ses catégories respectives. Il est considéré comme un élément important de son groupe et se sent valorisé. Lorsqu'il intègre progressivement un effectif professionnel, il n'est au départ qu'un joueur de complément qui devra faire ses preuves.

Un joueur à fort potentiel qui est un joueur clé dans les catégories de jeunes et devient vingtième joueur d'un effectif professionnel doit apprendre à gérer sa frustration et à garder confiance en lui. C'est souvent dans cette période de transition que le lien de confiance entre un joueur et son club se rompt. Le joueur pourra être tenté de rechercher des alibis et d'adopter une posture où il rejette la faute sur le club. Cette situation crée de l'impatience et impactera probablement son niveau de professionnalisme et son engagement.

À cela se rajoute la signature du premier contrat professionnel. Compte tenu de la difficulté d'accéder à ce niveau, il est normal de célébrer l'événement. Mais ce n'est qu'une étape. La signature d'un premier contrat professionnel est un moment fort où l'entourage proche du joueur est souvent ému. J'ai alerté à chaque fois sur le risque de relâchement et sur les difficultés de la nouvelle vie qui attend le jeune joueur. Il part vivre hors du centre de formation, souvent seul. Il bascule dans une nouvelle dimension avec un salaire de joueur professionnel.

Toutes les difficultés de la transition vers le monde professionnel ont été exacerbées par l'explosion des prix de transferts de ces dernières années. Les clubs se ruent vers les pépites de demain, en les repérant suffisamment tôt pour faire des plus-values importantes par la suite. Cette évolution du marché n'aide pas les joueurs à se concentrer sur leur évolution sportive. Alors qu'un jeune joueur en formation doit chercher à devenir un meilleur footballeur chaque jour, il peut surtout voir la possibilité très tôt de devenir millionnaire et de mettre sa famille à l'abri sans avoir joué une seule minute dans le monde professionnel. Il est difficile de refuser une telle offre et de rester concentré sur son projet sportif. Un joueur n'est pas à l'abri d'une grave blessure et ces opportunités n'apparaîtront peut-être pas ultérieurement. L'entourage joue un rôle primordial pour prendre la meilleure décision et rester autant que possible hermétique à ces tentations.

Pour accompagner la transition vers le monde professionnel, des clubs comme l'OGC Nice, le Liverpool FC ou l'AS Roma ont recruté des salariés dédiés à cette mission. Des jeunes à haut potentiel peuvent être regroupés dans des groupes appelés « Pro 2 ». Ils bénéficient de sessions spécifiques et ont un suivi médical et une assistance vidéo dédiés. Bien qu'ayant intégré le groupe professionnel, ces joueurs sont encore en développement et doivent poursuivre leur apprentissage. Dans les plus grands clubs européens ayant des matchs régulièrement deux fois par semaine, les entraînements du groupe professionnel sont axés sur la récupération et l'entretien plutôt que sur le développement des joueurs. Le suivi individualisé doit permettre aux jeunes joueurs de poursuivre leur développement tout en faisant partie du groupe professionnel.

LE BAROMÈTRE DU PROJET DE CLUB

Mener avec succès le recrutement de jeunes, favoriser le développement de l'intelligence de jeu, mettre en place une méthodologie de formation puis la transition vers le professionnalisme n'est pas suffisant si l'entraîneur professionnel ne souhaite pas donner leur chance à des joueurs inexpérimentés.

Certains entraîneurs s'appuient peu sur les jeunes, car ils estiment qu'ils n'ont pas le niveau suffisant. Comme il est très difficile pour une direction de rentrer dans des discussions techniques qui ne sont pas de son expertise, il vaut mieux aborder le problème différemment. En limitant la taille de l'effectif, on crée les conditions pour que des jeunes puissent émerger.

Un entraîneur uniquement préoccupé par son intérêt à court terme privilégiera probablement des joueurs expérimentés qui le rassurent. Il risque de moins s'investir pour développer une relation avec le directeur du centre de formation et au sein d'un comité sportif.

Au FC Lorient, le travail du centre de formation durant les années avant la relégation contribua au rebond du club en Ligue 2. Nous avions aussi un entraîneur, Mickaël Landreau, préoccupé par l'intégration des jeunes joueurs formés au club. En réduisant la taille de l'effectif professionnel vers vingt-quatre joueurs, nous ouvrions la possibilité à des jeunes du centre de formation de montrer leur qualité à l'entraîneur.

Lors de la première saison de Ligue 2, Denis Bouanga, Mattéo Guendouzi et Pierre-Yves Hamel, tous formés ou post-formés au club, faisaient partie des seize joueurs les plus utilisés alors qu'il n'y en avait eu aucun les saisons précédentes. Mattéo Guendouzi souhaitait quitter le club et fut finalement transféré au club anglais d'Arsenal durant l'été 2018 pour un montant autour de 8 millions d'euros [85]. Ce transfert permit au FC Lorient d'aborder la saison 2018-2019 avec un budget compétitif et suffisant pour se mêler à nouveau à la course pour la montée.

Lors de notre deuxième saison en Ligue 2 en 2018-2019, ce furent cinq joueurs parmi les seize les plus utilisés qui avaient été formés ou post-formés au club. Malgré ces résultats positifs en termes de projet de club, les résultats sportifs ne nous permettaient pas d'accéder à la Ligue 1. Nous finissions à la sixième place du classement, aux portes des barrages pour l'accession. Mais le projet mis en place permettait au FC Lorient de réaliser la plus grande vente de l'histoire d'un club évoluant en Ligue 2, avec le transfert d'Alexis Claude-Maurice à l'OGC Nice pour un montant proche de 13 millions d'euros à l'été 2019 [86]. Ce montant nous donnait à nouveau la possibilité de maintenir un budget élevé et d'aborder la saison 2019-2020 avec beaucoup d'ambition.

Un très bon joueur professionnel issu de la formation impacte son club sur plusieurs saisons. Tant qu'il est au club, ce joueur participe aux bonnes performances de l'équipe première et l'accompagne dans l'atteinte de ses objectifs. Si ce joueur est amené à partir, son transfert permettra au club de se doter de moyens supplémentaires pour les saisons à venir.

85 https://www.transfermarkt.fr/matteo-guendouzi/profil/spieler/465830, février 2021.

86 https://www.transfermarkt.fr/alexis-claude-maurice/profil/spieler/384593, février 2021.

La performance d'un centre de formation est un excellent baromètre de la santé d'un club. Elle s'établit sur la durée, la stabilité et la cohérence des décisions de la direction.

11

LA FINE MÉCANIQUE DU RECRUTEMENT

COMME DU PAPIER À MUSIQUE

La stabilité de l'effectif

La croissance des revenus du football est allée de pair avec une augmentation du volume des transferts. Non seulement le montant de transfert par joueur est plus important, mais le nombre de recrutements par club s'est aussi accru. Entre 2009 et 2017, le nombre de nouvelles recrues arrivant à chaque saison a augmenté de 22,3 %, comme l'indique le schéma suivant.

Pourcentage de nouvelles recrues dans les effectifs

31 ligues européennes, 2009 à 2017

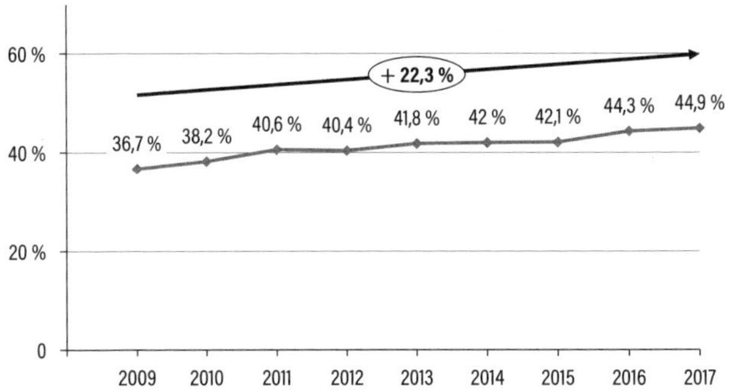

Source : https://football-observatory.com/IMG/sites/mr/mr34/fr/.

Au-delà de toute l'adrénaline autour d'un mercato et de la satisfaction éprouvée en interne et par les supporters du club lorsque de nouveaux joueurs arrivent, il convient de ne pas oublier que le meilleur recrutement consiste à garder ses meilleurs joueurs dans la mesure où nous avons vu qu'il y a un lien entre la stabilité d'un effectif sur plusieurs saisons et la performance[87]. Il est normal de renouveler au fur et à mesure une partie de son effectif, d'apporter de la fraîcheur et de préserver l'engagement comme nous l'avons déjà vu, mais recruter n'est pas systématiquement nécessaire. Ce n'est pas un gage de réussite et cela doit se faire avec justesse.

Un travail de précision à haut risque

Chaque saison, il n'y a que quelques recrutements à effectuer. Ne faire aucune erreur est impossible, car le recrutement, quel que soit le secteur d'activité, n'est pas une science exacte. De plus, le recrutement d'un joueur professionnel a des particularités supplémentaires par rapport au recrutement d'un salarié.

La première particularité est le prix de recrutement. À moins de prendre un joueur libre, il est rare de récupérer un joueur sans payer une indemnité de transfert. Une erreur de recrutement peut se chiffrer en plusieurs millions d'euros.

La deuxième particularité concerne le type de contrat. Les contrats dans le football sont sous la forme de contrats à durée déterminée (CDD), généralement étalés sur plusieurs saisons. Si vous n'êtes pas satisfait du recrutement d'un joueur, s'en séparer est difficile. Il faut soit attendre la fin du contrat, soit que le joueur parte dans un autre club. Vous pouvez également lui proposer une résiliation. Quelle que soit l'option, elle n'est pas sans risque pour le club. Le club sera probablement amené à sacrifier une partie de la valeur marchande du joueur dans le cadre d'un transfert ou à payer une partie du salaire restant si le salaire proposé par le nouveau club est inférieur, ou s'il y a une résiliation de contrat.

87 https://www.professormarkvanvugt.com/images/files/DoesStabilityFosterTeamPerformance.pdf, https://football-observatory.com/IMG/sites/mr/mr34/fr/, février 2021.

La troisième particularité est l'influence d'un joueur professionnel. Un recrutement raté peut entraîner un déséquilibre dans le groupe et une baisse générale du niveau d'engagement. Dans une entreprise plus classique, cela est aussi vrai, mais cette situation est exacerbée dans un vestiaire de football.

La quatrième particularité est l'impact potentiel d'un seul recrutement dans les résultats du club. Comme dans une start-up ou une petite PME, la performance d'un seul salarié peut impacter l'atteinte des objectifs de toute l'entreprise. Si vous recrutez un gardien de but titulaire et que ses performances sont décevantes, c'est toute la confiance de l'équipe sur son assise défensive qui peut être ébranlée.

Avec la mise en place du département statistique au FC Lorient en novembre 2018, nous suivions désormais notre classement généré par les *expected goals*. Par curiosité, je demandai aussi celui de la saison 2017-2018 où nous avions terminé à la septième place de Ligue 2. Je découvris que notre classement en points attendus nous plaçait à la quatrième place de Ligue 2 et non à la septième place. Nous avions terminé huitième défense de Ligue 2 avec 46 buts encaissés durant la saison. Pourtant, notre rang de défense attendu nous situait comme la meilleure défense du championnat. La différence entre le nombre de buts réellement encaissés et ceux attendus était de dix buts, comme le montre le tableau suivant.

Classement réel	Équipe	Classement espéré	Buts encaissés	Rang défense réel	Buts encaissés attendus	Rang défense attendu
1	Stade de Reims	1	24	1	37	3
2	Nîmes Olympique	2	37	5	39	4
3	Ajaccio AC	6	43	6	40	6
4	Le Havre AC	3	34	2	36	2
5	Stade Brestois	8	43	6	45	10

Classement réel	Équipe	Classement espéré	Buts encaissés	Rang défense réel	Buts encaissés attendus	Rang défense attendu
6	Clermont Foot Auvergne	5	36	3	42	7
7	**FC Lorient**	**4**	**46**	**8**	**36**	**1**
8	Paris FC	7	36	3	39	5
9	LB Châteauroux	12	50	10	47	12
10	Sochaux FC	13	62	16	50	15
11	AJ Auxerre	10	55	12	44	8
12	US Orléans	15	61	15	47	13
13	FC Valenciennes	20	64	17	59	18
14	RC Lens	9	49	9	45	11
15	Chamois Niortais FC	14	60	13	59	17
16	Gazélec Ajaccio	16	60	13	50	14
17	AS Nancy	11	54	11	44	9
18	FC Bourg-en-Bresse Péronnas	18	87	20	72	20
19	Quevilly-Rouen	17	66	18	61	19
20	RC Tours	19	68	19	58	16
Corrélation classement		***0,87***				

Source : StatsBomb.

Pour approfondir, il suffisait de revoir chaque but encaissé durant la saison et de les comparer avec l'espérance de but associée. Notre gardien n'avait pas été suffisamment performant. C'était déjà le ressenti en fin de saison précédente, mais à ce moment nous n'avions pas de moyen pour soutenir une discussion chiffrée. Sur cette même saison, le Stade de Reims finit champion de Ligue 2 en encaissant 24 buts, pratiquement la moitié de ceux du FC Lorient. Pourtant, leur espérance de buts encaissés était de 37 buts. Leur gardien, Édouard Mendy, avait été l'un des grands artisans de la montée du club. Après une saison et un maintien assuré avec Reims en Ligue 1, Édouard Mendy fut transféré au Stade rennais pour une indemnité de 7,5 millions d'euros et y fit des performances remarquées en participant à la qualification du club en Ligue des champions.

En septembre 2020, et à l'âge de 28 ans, Édouard Mendy fut recruté, dans un transfert à 24 millions d'euros, par le club de Chelsea FC où il remporta la Ligue des champions en 2021. Transformer le maillon faible en maillon fort dans son effectif peut changer drastiquement la confiance des coéquipiers, les résultats d'une équipe et l'atteinte des objectifs de tout un club.

Ces particularités démontrent la finesse qu'exige le recrutement de joueurs et l'impact que celui-ci peut avoir. Malgré les efforts d'une direction dans le recrutement, un joueur n'est jamais à l'abri de blessures, de difficultés d'intégration ou de problèmes personnels. Conscient que l'ensemble de ces paramètres ne peuvent pas être intégralement maîtrisés, un dirigeant agit comme un gestionnaire de risques en adoptant des stratégies de minimisation de chacun d'entre eux. Pour cela, il convient de s'inspirer de bonnes pratiques venant de l'extérieur.

Comme un département de fusion-acquisition

Le recrutement de joueurs de football est un métier souvent réservé aux anciens joueurs professionnels. Grâce à leur connaissance du métier de footballeur et au réseau qu'ils ont développé dans le secteur, ils sont généralement les candidats désignés pour mener à bien cette mission si importante au sein d'un club. Pourtant, les anciens joueurs n'ont pas le monopole de « l'œil » pour détecter les bons joueurs. Il existe aussi des personnes n'ayant pas été des joueurs professionnels qui sont capables d'exercer des fonctions de directeurs sportifs et d'observateurs. Ils sont particulièrement motivés et acceptent plus facilement l'instauration de processus de fonctionnement similaires à ceux d'une entreprise classique.

L'animation d'une cellule de recrutement nécessite également la mise en place de processus qui se rapprochent de ceux d'une entreprise classique.

Les grandes entreprises ont généralement des départements de fusions et acquisitions, communément appelés en anglais « M & A »[88]. Si une direction d'entreprise identifie dans sa stratégie un potentiel de croissance sur un segment inexploité par ses propres produits, le département M & A peut proposer des cibles d'entreprises potentielles. Ces cibles auront été identifiées après une analyse méthodique du marché et une étude des forces et faiblesses de l'entreprise et de son portefeuille de produits. Si la direction décide d'avancer dans l'optique de croissance externe, s'ensuivront des discussions entre actionnaires afin de tenter de s'accorder sur une possible transaction. Avec le soutien d'avocats, d'auditeurs comptables et de banquiers, l'entreprise cible pourra faire l'objet d'une *due diligence*. Une *due diligence* désigne toutes les vérifications que fait un investisseur avant de se prononcer sur la transaction.

Le recrutement de joueurs équivaut à de la croissance externe. La cellule de recrutement d'un club de football joue le rôle de département M & A. Elle a la tâche de proposer des profils correspondant aux besoins de l'effectif selon le projet de jeu du club, après avoir supervisé de nombreux joueurs et les avoir évalués. L'objectif d'un dirigeant est de mettre en place une méthodologie de recrutement combinant l'expertise sportive et des processus d'entreprise. Vu l'impact potentiel d'une seule recrue sur l'ensemble d'un effectif, le déploiement de la stratégie de recrutement est un travail à calibrer comme du papier à musique. La première étape est de définir les marchés où déployer sa stratégie de recrutement. La deuxième étape est d'organiser sa cellule de recrutement pour être le plus performant sur les marchés sélectionnés.

88 *Mergers and acquisitions.*

DÉPLOYER LA STRATÉGIE DE RECRUTEMENT

Sélectionner ses marchés

Il y a une multitude de joueurs de football dans le monde. Et il y a aussi un grand nombre de critères potentiels dans l'évaluation d'un joueur. Dans cet univers si vaste, un club, petite entreprise dans la majorité des cas, doit filtrer, cibler et recruter les profils de joueurs correspondant à son projet de jeu dans un environnement compétitif. L'allocation du temps des membres d'une cellule de recrutement est un paramètre déterminant d'une bonne organisation.

La première étape d'une direction sportive est de sélectionner ses marchés à suivre. Un marché peut être un groupe de pays, un seul pays, une division sportive au sein d'un pays, voire une zone géographique à l'intérieur d'un pays. Pour un club de Ligue 2 française, les marchés prioritaires sont généralement les quatre premières divisions françaises, c'est-à-dire les championnats de Ligue 1, Ligue 2, National 1 et National 2. Pour un club comme le FC Séville, participant régulièrement à des compétitions européennes, le recrutement est bien plus large et s'effectue en priorité par groupes de pays comme l'Espagne, l'Argentine et le Brésil ou l'Europe de l'Ouest, avec des marchés secondaires tel que le championnat de Belgique. Il ne faut pas s'éparpiller et chercher à se concentrer dans le développement d'une expertise sur un nombre sélectif de marchés prioritaires et secondaires.

Organiser sa cellule de recrutement

Mes échanges avec de nombreux clubs et mon expérience au FC Lorient montrent que les cellules de recrutement sont organisées de nombreuses façons sans qu'une organisation type se dégage. Certaines ont peu d'observateurs et travaillent exclusivement avec le réseau du directeur sportif ou d'agents, d'autres ont des dizaines d'observateurs localisés partout dans le monde. Certaines se concentrent sur l'observation des matchs dans les stades, d'autres utilisent intensivement la vidéo et les statistiques. Toutefois, en combinant de bonnes pratiques externes avec les spécificités d'un processus de recrutement dans le football, il est possible de définir quelques principes pour optimiser l'organisation d'une cellule.

Principe n° 1 : Exprimer clairement les besoins de l'effectif

Recruter un bon joueur ne peut définir une stratégie. Il y a des milliers de bons joueurs, mais s'ils ne correspondent pas au besoin de l'effectif, leur recrutement sera un échec, car ils ne trouveront pas leur place dans le groupe. Recruter le bon profil est la bonne stratégie. Pour y parvenir, les responsables sportifs doivent énoncer précisément les caractéristiques des profils qu'ils recherchent.

Lors de mon arrivée à Lorient en 2009, j'avais tout de suite été marqué par la clarté de l'expression du besoin. Tout le monde savait que Christian Gourcuff jouait en 4-4-2 et l'entraîneur était très précis sur les profils qu'il recherchait poste par poste. La feuille de route était limpide pour la cellule de recrutement. Certains observateurs avaient également été joueurs sous les ordres de Christian Gourcuff. Ils connaissaient exactement sa façon de penser et ce qu'il recherchait. C'est un autre avantage dans la stabilité d'un club. La meilleure compréhension de la personnalité et des besoins de chacun diminue le risque de se tromper dans le ciblage et permet de gagner du temps.

Principe n° 2 : Allouer au préalable les rôles et responsabilités

Historiquement, un entraîneur professionnel pouvait gérer son groupe tout en chapeautant le recrutement. L'essor de la médiatisation et la professionnalisation des clubs font que le métier d'entraîneur est de plus en plus exigeant. Il requiert une attention intégrale au management de l'effectif et du staff, à la préparation du prochain match et à la gestion de la communication. Par ailleurs, l'instabilité croissante des effectifs doit conduire les clubs à anticiper tous les départs, même ceux de joueurs qu'ils souhaiteraient conserver.

Une claire définition des rôles et responsabilités de l'entraîneur, du directeur sportif[89] et des observateurs est nécessaire.

- **L'entraîneur** a la responsabilité d'énoncer les caractéristiques des profils qu'il souhaite en échangeant régulièrement avec le directeur sportif.

- **Le directeur sportif** établit une liste de profils de joueurs correspondant aux caractéristiques énoncées. Si des départs non prévus se produisent, le directeur sportif devra être en mesure de proposer immédiatement de bons profils de remplacement.

- **Les observateurs** identifient un maximum de joueurs en les évaluant avec des critères définis par le directeur sportif et l'entraîneur.

Un entraîneur sera ravi d'avoir un directeur sportif qui lui présente de bons joueurs correspondant aux profils qu'il recherche. Imposer un joueur dont l'entraîneur ne veut pas n'est pas une bonne pratique car le joueur risque de ne pas être mis dans de

89 Dans certains clubs, il n'y a pas de directeur sportif. Ce rôle peut être dévolu à un responsable de recrutement ou à un coordinateur sportif.

bonnes dispositions pour réussir. Il faut aussi se méfier des influences externes sur un entraîneur. Lorsque des noms sont évoqués, l'entraîneur consulte parfois son réseau personnel, et si le retour est négatif, il est forcément influencé. Il peut avoir aussi le souvenir d'un match où le joueur ciblé avait été peu performant. Ces expériences sont insuffisantes et trop subjectives pour avoir une juste appréciation du joueur.

Principe n° 3 : Filtrer vite et bien

Grâce aux avancées technologiques, il est désormais possible de voir tous les matchs sans se rendre au stade. Par exemple, la plateforme Wyscout permet de regarder de son ordinateur pratiquement tous les matchs professionnels du monde à n'importe quel instant. Les données statistiques donnent des informations sur des milliers de joueurs évoluant dans des championnats européens.

Une équipe d'analystes vidéo peut être dédiée à regarder un maximum de matchs et effectuer un premier filtrage en retirant rapidement les joueurs n'ayant pas le niveau requis et ne correspondant pas au profil ciblé.

Des modèles statistiques développés par le club peuvent également soutenir l'effort de filtrage. Par exemple, le club de Brentford a à sa disposition un classement que James Tippett nomme le classement « *global justice* » dans son livre *The Expected Goals Philosophy*. Ce classement regroupe les équipes de plusieurs championnats du monde et calcule le nombre de points attendus obtenus grâce aux *expected goals*. Si des équipes plutôt méconnues ont des performances élevées, les observateurs vont les analyser pour éventuellement y repérer les joueurs qui sortent du lot.

La qualité du réseau des observateurs permet également de faire un premier filtre. Ce réseau pourra remonter des informations sur des joueurs intéressants à superviser. Des anciens joueurs ou entraîneurs sont habituellement d'excellentes sources d'information. Les agents peuvent également participer. Dans l'idéal, c'est le club qui sollicite un agent pour obtenir des informations ciblées plutôt qu'un agent qui signale un joueur non identifié par un club. Cela limite le risque de se faire influencer.

Pour un marché prioritaire, l'observateur ira voir des matchs au stade pour développer une connaissance à la fois fine et large. Pour des marchés secondaires, l'observateur ne sera chargé d'observer que certains joueurs préidentifiés.

Principe n° 4 : Valoriser les supervisions au stade

La supervision de joueurs au stade permet de voir des caractéristiques que les statistiques ou la vidéo ne perçoivent pas. C'est-à-dire l'attitude du joueur à l'échauffement ou dans les situations de jeu sans ballon. Ces informations ne sont pas captées par les caméras de télévision ou dans les données collectées. Recruter un joueur sans l'avoir vu jouer dans un stade à plusieurs reprises est une prise de risque élevée qu'il vaut mieux éviter.

Afin de tirer le maximum de chaque déplacement et selon la séniorité des observateurs, le directeur sportif pourra valider les déplacements à effectuer. Cette tâche peut être aussi assignée à un coordinateur de recrutement, comme c'est le cas à l'OGC Nice. Ce rôle permet d'avoir une vision globale des matchs supervisés et de mieux organiser la démarche.

Une bonne prise de décision se fait en collectant plusieurs opinions indépendantes. Lorsqu'un observateur identifie un profil de joueur qui lui plaît, le directeur sportif va généralement solliciter des supervisions d'autres observateurs pour avoir différents rapports. Si les observateurs échangent entre eux ou si les rapports sont consultables par tous, il existe le risque qu'ils s'influencent. C'est ce qu'on appelle le « biais de confirmation ». Nous avons tendance à sélectionner les informations et preuves afin de choisir celles qui confirment nos hypothèses[90]. Augmenter le nombre de points de vue et s'assurer qu'ils sont indépendants permet de contourner ce biais. Mais en pratique, il est difficile d'empêcher ces échanges dans une petite équipe de recrutement qui travaille dans le même bureau.

Le directeur sportif devra personnellement aller superviser au stade les joueurs ciblés comme à plus fort potentiel par sa cellule de recrutement, et de préférence à plusieurs reprises. C'est également l'opportunité d'établir un contact avec le joueur et de le rencontrer avec son entourage pour avoir son propre ressenti.

Principe n° 5 : S'organiser pour la due diligence *des joueurs ciblés*

Lorsqu'une cellule de recrutement effectue sa *due diligence* de joueurs, elle risque d'oublier des dimensions si elle n'a pas formalisé sa propre *checklist*. Dans cette *checklist*, on retrouvera les critères sportifs, mais également des éléments plus personnels comme l'historique des blessures du joueur, son entourage, son parcours de vie, etc.

Les observateurs récupéreront des renseignements supplémentaires sur les joueurs, notamment leur personnalité et leur comportement dans un groupe.

Certaines sociétés proposent également d'accompagner les clubs pour fournir un rapport détaillé sur le parcours d'un

90 Extrait de l'article « Erreurs de jugement, perceptions erronées..., Apprenez à reconnaître vos "biais cognitifs" », Coralie Hancok, *Science & Vie*, n° 1 145, février 2013, p. 118.

joueur et certains aspects de sa personnalité. Par exemple, l'analyse de ses publications sur les réseaux sociaux comme Twitter ou Instagram donnera des informations sur son professionnalisme et sa personnalité.

La *due diligence* devra également évaluer bien en amont la faisabilité du dossier. Il n'y a pas de plus grande perte de temps que d'effectuer une *due diligence* sur un joueur qui ne souhaite pas venir ou qui n'est pas accessible financièrement.

Principe n° 6 : Centraliser et structurer sa collecte de données

Une cellule de recrutement a intérêt à disposer d'un logiciel centralisant toutes les informations recueillies permettant au directeur sportif de disposer d'une large base de données de joueurs avec des informations sur chacun d'entre eux actualisées en temps réel.

Luis Campos, l'ancien directeur sportif de Monaco et Lille, développa ces dernières années avec Admar Lopes[91] un logiciel nommé Scouting System Pro qui récupère tous les rapports des observateurs et recense plus de 2 000 joueurs en activité avec des évaluations pour chacun d'entre eux. Si un joueur ressort avec plusieurs notes élevées d'observateurs différents, une alerte sera émise par le logiciel.

Au-delà des caractéristiques de l'outil, c'est surtout sa simplicité d'utilisation qui fera la différence. Un outil simple avec quelques critères à compléter par les observateurs ne fait pas nécessairement moins bien qu'un système complexe de notation. C'est aussi un moyen de forcer les observateurs à quantifier leur ressenti.

91 Admar Lopes est devenu en juillet 2021 le nouveau directeur technique des Girondins de Bordeaux.

L'anesthésiste Virginia Apgar développa en 1953 un algorithme simple permettant d'évaluer l'état de santé d'un nourrisson. Avant son invention, les médecins et sages-femmes se basaient sur leur ressenti clinique pour définir si le nouveau-né avait des difficultés à respirer. En l'absence d'une procédure standardisée, des signes indicateurs étaient négligés et beaucoup de nouveau-nés mouraient[92].

L'algorithme de Virginia Apgar permettait d'évaluer l'état d'un nouveau-né à l'aide de cinq variables (le rythme cardiaque, la respiration, les réflexes, la tonicité musculaire et la couleur) et trois chiffres (0, 1 ou 2 selon chaque variable). Un score bas nécessitait une intervention immédiate tandis qu'un score élevé était le signe d'un bébé bien portant. Le test d'Apgar est toujours utilisé et démontre que de simples procédures standardisées sont plus efficaces que les avis hétéroclites d'experts.

Luis Campos développa un système de notation de six notes allant de A1 à D, comme le montre l'illustration page suivante.

92 Exemple tiré du livre de Daniel Kahneman, *Système 1 / Système 2*.

Nomenclature de Luis Campos et ses équipes pour classifier les joueurs supervisés

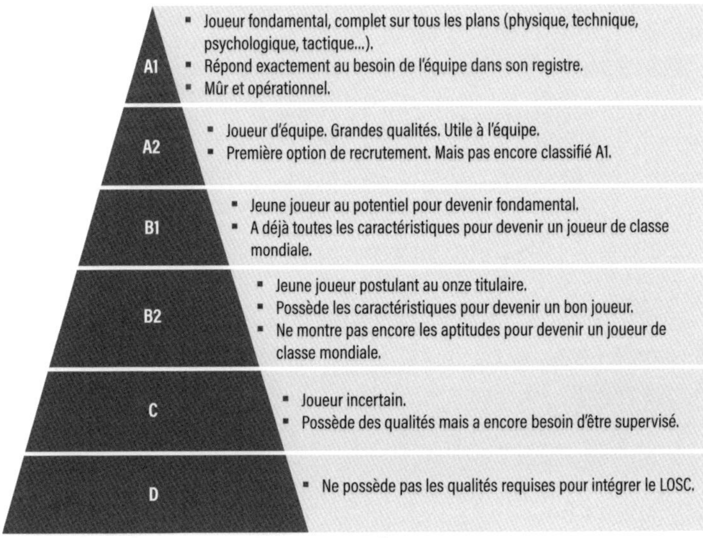

Source : article du journal *L'Équipe* du 16 août 2019.

Chaque joueur peut ensuite être évalué sous différentes caractéristiques si les observateurs décident d'approfondir l'analyse. Dans une vision cible, le logiciel devrait permettre au directeur sportif de trier les joueurs selon leur notation et leurs caractéristiques pour identifier ceux qui correspondent aux besoins de l'effectif. Il peut également être intéressant d'intégrer dans ce logiciel des joueurs de l'effectif et les joueurs du centre de formation à fort potentiel. Cela permet d'avoir dans une même base de données les prospects externes et les forces internes.

Principe n° 7 : Séduire puis exécuter rapidement

Pendant la saison sportive, des réunions hebdomadaires sont le lien entre le directeur sportif et ses observateurs afin de faire un bilan des supervisions et échanger sur le programme à venir. Le mercato d'hiver approchant, le directeur sportif a une vision plus claire des besoins et peut mieux orienter ses observateurs.

Après le mercato d'hiver, les observateurs poursuivent leur travail de supervision et de collecte d'information sur les joueurs qui ressortent comme les plus intéressants. À l'approche du mercato d'été, le directeur sportif propose une liste de profils correspondant aux besoins.

Un processus de recrutement robuste donne des armes supplémentaires au directeur sportif pour séduire un joueur et le convaincre de rejoindre le club.

Durant l'été 2019, le Borussia Mönchengladbach, club de Bundesliga allemande, fut le premier à solliciter Alexis Claude-Maurice pour le recruter. Alexis Claude-Maurice nous relata qu'il avait été séduit par le professionnalisme du directeur sportif allemand Max Eberl. Max Eberl était venu avec un dossier en lui indiquant toutes les fois où il avait été supervisé durant la saison, ainsi qu'une liste de ses forces et de ses points d'amélioration. Max Eberl présentait également au joueur pourquoi son profil correspondait au besoin de l'effectif. Un joueur de football, passionné par son métier, ne peut qu'être séduit par cette approche. Sinon c'est un mauvais signal sur sa motivation. Au final, Alexis Claude-Maurice ne rejoignit pas ce club, car son offre de transfert était largement inférieure aux propositions d'autres clubs que nous avions reçues. Mais il fut bien difficile sur le moment pour Alexis Claude-Maurice d'accepter cette situation, car il avait été conquis par la démarche du club allemand.

Une discussion avec un joueur, son agent et son entourage s'apparente à une discussion commerciale avec un prospect qu'il faut convaincre. Le club peut s'appuyer sur les travaux de la cellule de recrutement et doit faire preuve d'un peu d'imagination pour mettre toutes les chances de son côté.

Les décisions de recrutement se prennent habituellement en réunion avec la direction du club qui vérifiera que la *due diligence* aura bien été réalisée sur les profils identifiés et qui validera la faisabilité économique des dossiers. Le profil parfait existe rarement et il est nécessaire de trancher. Afin de limiter les longs échanges de points de vue, la réunion de validation de profils devrait se faire en petit comité. Le directeur sportif portera la voix de toute sa cellule de recrutement tandis que l'entraîneur portera celle de son staff.

Lorsque la décision est prise d'avancer sur un profil, il convient d'exécuter rapidement les premières démarches et de mettre en place une organisation réactive permettant de faire évoluer les propositions durant les négociations. Des organisations peuvent être rigides dans leur prise de décision parce qu'il y a trop d'interlocuteurs. Dans le domaine de la décision sportive, il est préférable d'éviter l'armée mexicaine. Il existe parfois de courtes fenêtres de tir, en particulier en début de mercato, qui permettent d'attirer d'excellents profils avant que la concurrence ne se soit mise en ordre de marche.

L'intégration, l'étape invisible

La facilité avec laquelle un joueur est supposé s'intégrer dans un effectif fait partie des critères de recrutement. Un joueur sans attaches et jouant peu a du mal à se sentir bien. Un staff composé de différentes nationalités et parlant anglais a plus de facilité à gérer un vestiaire de joueurs cosmopolite. Une direction sportive doit réfléchir également aux connexions pouvant se créer entre les joueurs d'un effectif. Par exemple, si vous avez la possibilité de faire venir un joueur qui est international gabonais alors que vous en avez déjà un dans l'effectif, son intégration sera probablement facilitée.

L'intégration est pourtant une étape trop souvent délaissée. La direction, suite au succès d'un recrutement, se projette rapidement sur les autres sorties et entrées de joueurs à gérer avant la fin du mercato.

Selon une étude parue en 2016 de la prestigieuse Harvard Business Review, *The One Thing You Need to Get Right*, plus de 70 % des fusions et acquisitions sont des échecs et génèrent moins de valeur que le coût de la transaction[93]. La principale raison évoquée pour justifier les échecs d'acquisition est une mauvaise intégration de l'entreprise ciblée[94].

L'intégration d'une seule personne dans une entreprise semble pourtant plus simple que celle de toute une structure. Cependant, Boris Groysberg, professeur à l'université de Harvard aux États-Unis, démontra qu'il y a tout de même une baisse de la performance lorsqu'un individu passe d'une entreprise à une autre[95].

Boris Groysberg réalisa une étude où il analysa la performance d'analystes financiers travaillant dans des établissements américains. Chaque année, le journal *Institutional Investor* publie le classement des meilleurs analystes financiers des États-Unis. Ce classement est obtenu grâce aux résultats d'un questionnaire adressé aux gérants de portefeuilles américains leur demandant quelles ont été les analyses d'actions parues les plus utiles sur les douze derniers mois. Grâce à ce classement, Boris Groysberg compara la performance d'analystes qui restaient dans la même entreprise et ceux qui en changeaient. Il constata que, tandis que 10,6 % de ceux qui restaient dans leur entreprise étaient à nouveau classés au premier rang, seulement 5,6 % de

93 https://hbr.org/2016/06/ma-the-one-thing-you-need-to-get-right, février 2021.
94 https://www.aon.com/attachments/thought-leadership/M_A_Survey.pdf, février 2021.
95 B. Groysberg, *Chasing Stars : The Myth of Talent and the Portability of Performance*, 2010.

ceux qui avaient changé d'établissement y parvenaient. Cette baisse de performance pouvait s'étaler pendant une période de 5 ans[96].

Un nouvel arrivant a besoin de temps pour s'adapter à un nouvel environnement et sa performance est susceptible de diminuer les premiers mois suivant son arrivée. S'il y a bien dans certains clubs, en particulier les plus grands, des équipes de conciergerie dédiées au soutien de leurs joueurs, pour une majorité de clubs, ce n'est pas le cas. Ils considèrent à tort que l'intégration des nouveaux joueurs n'est qu'une affaire de quelques mois et que cela ne justifie pas l'embauche de salariés à temps plein. On laisse souvent cette tâche à un salarié qui a d'autres fonctions pendant l'année.

Pourtant, un sportif de haut niveau est exposé à des contraintes spécifiques. Lorsqu'il arrive au club, il peut être soumis à une pression liée au montant de son transfert. Il rejoint un nouvel effectif et découvre ses coéquipiers qui vont le tester, en particulier ceux qui sont en concurrence au même poste. La nouvelle recrue devra immédiatement faire preuve de personnalité pour montrer ses qualités à l'entraînement puis en match. Si le joueur est peu performant, il pourra perdre sa place de titulaire, ce qui altérera sa confiance et par conséquent sa performance.

L'intégration ne doit pas se limiter à l'aider à trouver un logement, mais doit être un accompagnement global et personnalisé dans la durée. Par exemple, pour un joueur étranger, le club devra mettre en place des cours de langue pour lui et sa famille. Cette équipe d'intégration devra créer un lien avec le joueur et remonter des informations si, à un moment, le joueur vit une situation difficile nécessitant le soutien du club.

---

96 https://www.researchgate.net/publication/264330278_Boris_Groysberg_2010_Chasing_Stars_The_Myth_of_Talent_and_the_Portability_of_Performance_Princeton_NJ_Princeton_University_Press_464_pages, février 2021.

Si la famille d'une recrue ne se sent pas bien dans la nouvelle région, cela rejaillira directement sur le joueur et ses performances. Il se peut que sa famille ne déménage pas, car les passages dans un club peuvent être éphémères, par exemple dans le cadre d'un prêt. Tous ces changements d'environnement et d'habitudes génèrent du stress. Le sport de haut niveau est si compétitif que si un joueur n'est pas bien psychologiquement pour des raisons extrasportives, ses performances seront directement impactées.

Mieux sera réussie leur intégration, plus fort sera l'engagement des joueurs et leur envie de défendre les couleurs du club. Vu les sommes investies dans le recrutement des joueurs, celles nécessaires à leur bonne intégration ne représentent que quelques dizaines de milliers d'euros, soit quelques pourcents du montant de leurs transferts. C'est un investissement pertinent.

NE PAS OUBLIER L'ENTRAÎNEUR

Le départ de Mickaël Landreau

Le 18 mai 2019, nous jouions contre Le Havre dans leur Stade Océane, la trente-huitième et dernière journée du championnat de Ligue 2 2018-2019. Avant cette dernière rencontre nous étions sixièmes au classement. Nous n'avions plus notre destin entre nos mains pour atteindre les barrages. L'équipe s'imposa tout de même trois buts à deux, mais ce résultat fut inutile, car le Paris FC et le RC Lens, nos concurrents directs pour les barrages, remportèrent également leur rencontre.

Au classement virtuel des points attendus, avec la méthodologie des *expected goals*, le club avait une nouvelle fois fini à la quatrième place. À nouveau, nous avions manqué d'efficacité défensive en encaissant pratiquement cinq buts de plus que ceux attendus.

J'avais la conviction que nous allions dans la bonne direction avec le travail de fond entrepris depuis l'arrivée de Mickaël Landreau en 2017. Mais je savais également que, pour un entraîneur dont c'était la première expérience sur le banc, il n'était pas facile de gérer un groupe qui avait été meurtri par une descente en Ligue 1 deux années auparavant.

Je pense que Mickaël Landreau sentait que son histoire avec ce groupe de joueurs touchait à sa fin, car la relation avec certains cadres de l'effectif était plus difficile.

Concilier un projet autour du développement de jeunes joueurs avec un objectif de remontée en Ligue 1 n'est pas chose aisée. Il pouvait y avoir un déséquilibre à certains moments en termes de recrutement. La solution de facilité pour un entraîneur est de prendre des joueurs d'expérience connaissant la Ligue 2 et de bâtir un effectif focalisé sur la montée immédiate. Mickaël Landreau était plus axé sur le développement du club sur la durée, même si cela pouvait le mettre en difficulté à cause des résultats immédiats décevants.

Le lendemain, après la victoire contre Le Havre, Mickaël Landreau et le FC Lorient procédèrent à une résiliation à l'amiable de son contrat.

Le RC Lens termina cinquième du classement et barragiste avec le même nombre de points que nous, mais un meilleur *goal average*. Avec un seul point supplémentaire, le FC Lorient aurait joué les *playoffs* et aurait peut-être accédé à la Ligue 1. Mais il faut toujours une part de réussite et nous ne l'avions pas eue. Cela ne veut cependant pas dire que nous avions tout bien fait. En témoigne le recrutement de notre gardien de but en début de saison 2017-2018 qui ne fut pas assez performant.

L'arrivée d'un nouvel entraîneur

Il fallait désormais se projeter sur le recrutement d'un nouvel entraîneur et probablement d'un nouveau staff. Si les clubs mettent en place une cellule de recrutement de joueurs, peu d'entre eux suivent également les entraîneurs à potentiel dans le cadre d'un processus interne clairement défini. Pourtant, compte tenu de l'importance de ce rôle, il serait bien utile de tenir à jour une liste détaillée d'entraîneurs correspondant aux besoins du club.

Comme pour celui d'un joueur, le processus de recrutement d'un entraîneur doit se baser sur les besoins du club.

Après des échanges avec Loïc Féry, le directeur sportif, et le directeur du centre de formation, je formalisai les quatre critères suivants pour noter les profils d'entraîneurs :

1. Avoir déjà fait monter un club en Ligue 1.

2. Être capable de s'inscrire dans un projet collectif sur la durée avec toutes les composantes du club.

3. Être suffisamment souple pour adapter son projet de jeu aux caractéristiques de l'effectif et à la culture du club.

4. Avoir la volonté de développer de jeunes joueurs.

Sur chaque critère, je mettais une note de 1 pour compétence non identifiée, 2 pour compétence probable et 3 pour compétence démontrée.

Après une semaine de rencontres avec plusieurs entraîneurs, nous avions sélectionné deux excellents profils, Jocelyn Gourvennec et Christophe Pélissier[97], qui remplissaient la plupart des critères évoqués.

Le département statistique produisit un rapport sur le projet de jeu de ces deux entraîneurs dans leurs clubs précédents. Lors d'une rencontre avec l'un d'eux, ce rapport lui fut montré. Comme pour les joueurs, le processus de recrutement ne permettait pas seulement d'identifier le bon profil, mais aussi de lui envoyer un signal positif sur notre organisation. Partager les critères de sélection avait pour objectif de décrire précisément quel était le projet du club et ce que l'on attendait d'un entraîneur.

Je mis en relation Loïc Féry avec Christophe Pélissier car il était en fin de contrat à l'Amiens SC et ses qualités me semblaient convenir à l'identité du FC Lorient et à notre besoin. Leur rendez-vous s'était très bien passé, Christophe Pélissier avait tout de suite plu au président et il devint quelques jours plus tard le nouvel entraîneur du club.

Il vaut mieux que le processus de recrutement d'un entraîneur ne se base pas uniquement sur un nom connu ou le ressenti d'un seul entretien. Il est légitime de s'organiser pour faire une veille régulière du marché des entraîneurs, et garder à l'esprit une liste de quelques personnes qui correspondraient au projet du club si l'entraîneur venait à partir. Même si un dirigeant a la volonté d'avoir une organisation stable, il n'est pas à l'abri de voir son entraîneur sollicité par des clubs plus huppés s'il est performant. Faire de la veille de bons profils n'est pas manquer de respect à son entraîneur. Gouverner, c'est prévoir.

---

97 https://www.ouest-france.fr/sport/football/fc-lorient/fc-lorient-un-match-gourvennec-pelissier-pour-le-poste-d-entraineur-6369852, février 2021.

12

DES GRAINES QUI GERMENT

LES EFFORTS DU CLUB RÉCOMPENSÉS

La convergence entre la santé et la performance

Lorsque la décision fut prise de recruter Christophe Pélissier, mes équipes de la communication vinrent me voir pour me suggérer de réaliser une vidéo annonçant l'arrivée du nouvel entraîneur. La vidéo, réalisée en moins de 24 heures, d'une durée d'un peu moins de deux minutes, scénarisait un jeune homme revêtant le maillot des Merlus déambulant dans le port de Lorient. Il y découvrait une bouteille dans la mer, se saisissait de celle-ci et, en l'ouvrant, découvrait avec joie un parchemin indiquant le nom du nouvel entraîneur, Christophe Pélissier. Cette vidéo fit plus de 200 000 vues sur les réseaux sociaux et eut un accueil très positif.

La plupart des clubs font des photo-montages ou des vidéos pour annoncer l'arrivée de joueurs. Ces visuels mettent en avant les couleurs du club ou des éléments du parcours du joueur. Ces présentations étaient bonnes, mais je trouvais qu'il manquait parfois une composante : le lien avec le territoire. La vidéo produite par mes équipes mettait en avant le port de Lorient et pas seulement des éléments du club. C'était une idée qui faisait sens. Je proposai donc aux équipes de systématiser cette démarche mettant en avant notre territoire.

De nombreuses autres vidéos furent réalisées par la suite, exposant aussi bien la gare de Lorient, l'île de Groix située en face de Lorient, la base de sous-marins vestiges de la Seconde Guerre mondiale ou le Bagad de Lorient, un orchestre jouant de la musique bretonne avec des instruments comme la cornemuse écossaise.

À partir de cette initiative émergea l'idée de créer une usine à contenus. C'est-à-dire la création de clips dynamiques ne dépassant pas 1 minute 30. Ces clips pouvaient être utilisés sur les réseaux sociaux ou sur les écrans géants au stade. C'est ainsi que la vidéo de présentation des joueurs en avant-match fut créée : un mélange entre des images du territoire et les joueurs constituant le onze de départ. La vidéo de présentation du nouveau maillot mettait également en avant le Festival interceltique de Lorient[98] [99].

Cette démarche à l'initiative des équipes était une illustration de l'évolution de la culture interne[100]. Les salariés étaient davantage responsabilisés et proposaient régulièrement de nouvelles idées.

Le questionnaire de santé organisationnelle effectué en 2019 était le cinquième depuis mon retour au club. Les trente-sept pratiques managériales était toutes mieux notées qu'en 2015. Nous étions notés tout près du premier quart des entreprises, alors qu'en 2015 nous étions dans le dernier quart.

Après une traversée du désert où toutes les équipes du club avaient fait preuve de persévérance, ces rayons de soleil renforçaient notre motivation. Les efforts employés pour retisser un lien avec le territoire furent un autre exemple de la capacité de rebond des équipes du club.

---

98 https://www.youtube.com/watch?v=KkEKhoUE16Y&feature=emb_logo, février 2021.

99 L'étape supplémentaire aurait été de rajouter des sous-titres aux clips, car bien souvent ceux-ci sont regardés sans son sur les réseaux sociaux.

100 https://www.ouest-france.fr/bretagne/lorient-56100/fc-lorient-les-idees-derriere-les-videos-6943424, février 2021.

Un lien avec le territoire qui se retisse

Pendant le mercato d'été 2019, nous avions décidé de renforcer l'effectif de nouveaux joueurs connaissant bien la Ligue 2 et ayant démontré du leadership dans leur club précédent. Notre effectif avec lequel nous avions fini sixièmes la saison passée manquait un peu de joueurs d'expérience pour encadrer les plus jeunes.

Laurent Abergel fut recruté après d'âpres négociations avec l'AS Nancy Lorraine, club de Ligue 2, où il était milieu de terrain et capitaine de l'équipe. Lors de son arrivée, Laurent Abergel, l'un des meilleurs milieux récupérateurs de la division, avait 26 ans et comptait déjà plus de 150 matchs de Ligue 2.

Le capitaine du Clermont Foot Auvergne de 25 ans, Julien Laporte, nous rejoignit également. Il avait été formé à Clermont et était devenu professionnel assez tardivement, à l'âge de 22 ans. Il avait mené en parallèle du football des études universitaires.

D'autres joueurs arrivèrent à Lorient, dont Umut Bozok, meilleur buteur du Nîmes olympique et de Ligue 2 avec 24 buts lors de la saison 2017-2018, le défenseur central Thomas Fontaine du Stade de Reims et Jérôme Hergault, l'arrière droit de l'AC Ajaccio. Deux joueurs venaient également en prêt avec Yann Kitala, attaquant en provenance de l'Olympique lyonnais, et Armand Laurienté, le très prometteur et polyvalent milieu offensif du Stade rennais.

Le poste de gardien de but faisait débat. Nous étions tous d'accord sur le potentiel d'Illan Meslier, mais ses performances lors de la saison 2018-2019 avaient été un peu en dents de scie. Cela pouvait se comprendre. Illan Meslier n'était pas programmé pour devenir titulaire en cours de saison dernière. L'objectif initial était de progressivement le laisser s'installer au poste de gardien en prévision de la prochaine saison. Ses excellentes performances en match de Coupe de la Ligue, ainsi que celles plus moyennes de Danijel Petkovic avaient accéléré sa prise de poste dans les cages lorientaises.

À l'issue de sa première saison professionnelle, il subsistait des doutes sur la capacité d'Illan Meslier à endosser le rôle de gardien numéro un d'une équipe visant la montée en Ligue 1. Paul Nardi, gardien de but qui évoluait en première division belge au Cercle de Bruges et avait déjà joué en Ligue 2 quelques années auparavant à l'AS Nancy Lorraine, arriva au club à quelques jours du début du championnat 2019-2020. Ce recrutement fut un coup dur pour Illan Meslier et un choix difficile pour le club. Illan Meslier quitta le FC Lorient quelques jours plus tard pour rejoindre le club de Leeds en Championship anglais, entraîné par Marcelo Bielsa. Illan Meslier arriva en tant que doublure du gardien espagnol Kiko Casilla, mais suite à une suspension de longue durée de ce dernier, il prit sa place dans les buts de Leeds. Il devint l'un des artisans de la remontée de ce club historique en Premier League, 16 ans après l'avoir quittée. En 2021, Illan Meslier, à seulement 21 ans, est titulaire à Leeds en Premier League anglaise.

De son côté, Paul Nardi fut tout de suite performant et contribua à l'excellent début de saison du FC Lorient. Yoane Wissa, le puissant milieu offensif gauche que nous avions recruté en janvier 2018, faisait également un très bon début de championnat et était souvent décisif. Christophe Pélissier avait également participé à l'éclosion d'Enzo Le Fée, un jeune joueur très prometteur du centre de formation. Dès la première journée de championnat contre le Paris FC, Christophe Pélissier avait pris l'initiative de le titulariser et celui-ci avait su saisir sa chance.

À la quinzième journée du championnat, le FC Lorient était deuxième du classement avec 30 points. Soit deux de plus que la saison précédente au même moment et un seul de plus qu'en

2018-2019. Pourtant, les commentaires autour du club étaient que cette saison n'était en rien comparable aux précédentes et que nous étions enfin sur le chemin du succès.

Ce n'est pas exactement ce que disaient les chiffres, comme le montre le tableau suivant. À la quinzième journée, notre classement attendu selon la méthode des *expected goals* nous positionnait à la quatrième place du championnat. Au même niveau que la saison précédente et moins bien que lors de la saison 2017-2018.

			Attaque		Défense		
Saison	Classement à la 15e journée	Points	Rang attaque	Différence buts marqués - xG créés	Rang défense	Différence buts encaissés - xG subis	Classement points attendus
FC Lorient 2019-2020	2	30	5	3,3	3	- 2,8	4
FC Lorient 2018-2019	3	28	5	2,3	5	- 1,2	4
FC Lorient 2017-2018	2	29	3	1,1	1	1,8	1

Source : StatsBomb.

Nous n'allions pas nous plaindre de cela. Pendant nos deux premières années de Ligue 2, nous avions manqué de réussite. À partir du moment où vous évoluez dans les hautes sphères du classement sur plusieurs saisons, il faut persévérer même si cela ne se traduit pas par une remontée immédiate. Statistiquement, en étant régulièrement positionné dans les équipes qui luttent pour la montée, on crée les conditions pour que les résultats suivent lorsque la réussite se rajoute à la performance intrinsèque du club. D'ailleurs, au bout d'une semaine après l'arrivée de Christophe Pélissier au club, lui et son staff m'indiquèrent qu'ils étaient agréablement surpris. Ils trouvaient l'effectif très professionnel et à l'écoute. Christophe Pélissier pouvait capitaliser sur le travail effectué par le staff précédent et apporter sa propre touche pour rendre le groupe encore plus performant.

De plus, l'environnement positif autour du club augmentait la perspective d'un succès à venir. Il transmettait de l'énergie positive et renforçait la confiance. Ce lien retissé avec le territoire améliorait les chances de succès.

Des initiatives locales visant à renforcer le lien avec le territoire avaient été lancées ces dernières années. Par ce qu'il représente, un club de football est un acteur citoyen de sa communauté. Nous avions poursuivi le développement de l'Armada, un programme de partenariat avec plus de 200 clubs amateurs de football de la région. Cela se traduisait entre autres par des entraînements professionnels délocalisés chez certains clubs amateurs et des opérations les jours de match. Le club était aussi partenaire depuis de nombreuses années de l'UNICEF ainsi que de la Lorientaise, une course organisée chaque année à Lorient pour financer la recherche contre le cancer du sein. Nous nous étions également associés à d'autres acteurs locaux dont le reconnu centre de Kerpape, un centre de rééducation et de soins basé à 5 minutes du siège du FC Lorient.

Mais pour retisser le lien entre le club et son territoire, il y avait une donnée incompressible : le temps. Après le départ de Christian Gourcuff, puis la descente en Ligue 2, nous partions de loin. Progressivement, chaque décision prise durant les années où l'environnement n'était pas en notre faveur devait rapprocher imperceptiblement le club de son identité et de son territoire. Les efforts commençaient à payer.

LE DIGITAL DANS UN CLUB

Les fondations de la stratégie digitale

L'ère du digital n'est pas une exception dans un club de football. Derrière ce terme très vaste se cachent de nombreuses applications. L'expérience client sur les canaux digitaux du club comme le site officiel, la billetterie ou la boutique en ligne. On y retrouve également la collecte et la gestion des données clients. Le digital a aussi un rôle à jouer les jours de match, dès l'arrivée au stade avec un contrôle d'accès automatisé, lors des éventuels paiements dématérialisés pour la restauration, puis avec l'animation des écrans géants.

La mise en place d'une stratégie digitale nécessite des compétences spécifiques qui ne sont pas propres au secteur du football. En revenant au club en 2015, je souhaitais que le FC Lorient se renforce sur cette dimension. Il fallait apporter une expertise issue d'autres secteurs. C'est ainsi qu'un chef de projet digital nous rejoignit pour lancer plusieurs actions[101].

Lorsque l'on n'a pas d'expertise, la solution de facilité est de solliciter des réponses à l'ensemble des besoins d'un club. De la gestion commerciale au logiciel de billetterie, en passant par le design du site de billetterie, il existe des offres proposant le « tout en un », bien souvent focalisées sur la construction de connexions de flux entre la comptabilité, la facturation, etc. Elles proposent des fonctionnalités standards. Leur offre est peu personnalisable et souvent inadaptée aux besoins du club, notamment dans l'optimisation d'un parcours client sur Internet. L'expérience client en parcourant le site de billetterie

---

101 https://www.ecofoot.fr/interview-fclorient-strategie-numerique-1757/, février 2021.

est souvent médiocre et peu flexible. C'est exactement la même réflexion pour la boutique en ligne. Fort de ce constat, nous souhaitions créer notre propre architecture digitale en allant chercher des solutions spécialisées dans chaque domaine.

La collecte et la gestion des données clients sont un sujet encore plus complexe. En effet, un supporter a de multiples points de contact s'il souhaite acheter un produit de son club. Il peut se procurer un abonnement ou un billet de match au guichet ou sur le site Internet du club. Des revendeurs de billets peuvent aussi proposer des places pour le match. À la boutique du club ou au stade, un supporter peut acquérir un maillot ou d'autres produits dérivés. S'il ne souhaite pas se déplacer, il peut passer par le site Internet du club pour acheter son produit. Le jour de match, un supporter pourra également se restaurer au stade. Il n'est d'ailleurs pas toujours simple de savoir exactement qui vient au stade, si un abonné prête sa carte par exemple. Il n'y a pas systématiquement un contrôle d'identité de chaque spectateur.

Les personnes en relation directe avec les supporters collectent les informations permettant au club de mieux connaître ses fans. Ils doivent y mettre du sens pour que la qualité de collecte soit fiable. Cela nécessite beaucoup de communication interne, car ce travail de qualification de base de données est fastidieux et sans impact visible pour celui qui le fait. L'architecture informatique permettant de collecter et centraliser toutes ces informations est difficile à mettre en place. Comme pour la billetterie, il existe des solutions « tout en un », mais elles sont peu flexibles et généralistes. Construire sa propre architecture avec des spécialistes métiers est souhaitable, mais cela nécessite de l'expertise en interne et des budgets pouvant dépasser des centaines de milliers d'euros.

L'indicateur témoignant de l'influence de nos initiatives était le basculement progressif des ventes de guichet vers le digital.

Alors que celles-ci se situaient autour de 20 % en 2015, nous avions dépassé les 55 % quelques années plus tard. Cependant, il était difficile de quantifier l'impact de nos actions en termes de chiffre d'affaires. Avec la descente, les efforts des équipes étaient contrebalancés par une baisse d'affluence. Mais ces efforts n'étaient pas vains. Ils permettaient de limiter l'impact lié à la descente et d'être prêts lorsque la performance sportive s'améliorerait.

L'utilisation des données

Avoir une large base de données propre, sans doublon, et qualifiée est une première et excellente étape, mais ensuite il faut définir un plan pour les utiliser. Par exemple, les données peuvent accompagner l'équipe commerciale dans l'allocation de leur temps. Il est possible de développer quelques outils assez simples permettant de suivre le niveau d'engagement et le degré de satisfaction des partenaires. En étudiant le taux d'utilisation de leurs places, nous pouvons voir ceux qui sont moins engagés. Un partenaire utilisant peu ses places va probablement arrêter son abonnement en fin de saison s'il n'y a pas d'action correctrice. Les commerciaux peuvent proposer des solutions comme le changement de places pour réengager le partenaire et répondre à son besoin. Parfois, le seul fait de téléphoner est suffisant. Cela montre que le club se soucie d'eux et leur témoigne de l'attention.

Grâce au travail des équipes et à l'utilisation des données, nous étions en mesure d'avoir un taux de fidélité élevé. Alors que le chiffre d'affaires commercial normalement diminue si un club reste en Ligue 2 sur plusieurs saisons, celui du FC Lorient était en augmentation sur la saison 2018-2019 par rapport aux saisons précédentes[102]. Le digital est l'une des composantes de l'expérience client. Mieux on connaît ses supporters et mieux on peut s'adresser à eux de façon personnalisée et améliorer leur expérience.

L'EXPÉRIENCE CLIENT AU CENTRE DES PRIORITÉS

S'organiser en fonction du besoin des supporters

Une stratégie digitale incite les départements d'un club à travailler en équipe. En effet, nous avons vu qu'un supporter a de nombreux points de contact avec le club et sollicite régulièrement des départements différents.

Pourtant, assez souvent dans les clubs de football, les départements administratifs fonctionnent en silo. Plus précisément, sous le département commercial, on retrouve généralement trois sous-départements : le département merchandising, le département billetterie grand public et le département commercial B2B[103]. Ce mode de fonctionnement n'est pas compatible avec une maximisation de l'expérience client.

Certains clubs externalisent le merchandising, ce qui peut se comprendre compte tenu de l'expertise nécessaire sur cette activité. Le contrôle du stock, l'animation commerciale et la gestion des références sont des tâches qui nécessitent des compétences spécifiques.

102 L'arrivée de la COVID-19 a provoqué l'arrêt du championnat de Ligue 2 à la 28e journée, ce qui n'a pas permis de capturer l'ensemble des revenus facturés.
103 Nous pourrions même rajouter la restauration au stade, qui est un autre point de contact, pourtant souvent piloté par le département opérations d'un club.

Le département billetterie grand public est chargé de piloter l'outil de billetterie et de répondre aux besoins de billets des équipes commerciales. Ce département définit la politique de billetterie grand public, qu'il s'agisse des abonnements ou des places aux matchs, et cela nécessite de vraies compétences analytiques et marketing.

Le département commercial B2B est composé de commerciaux en charge de trouver et fidéliser des partenaires. Un catalogue de produits est disponible, allant du sponsoring sur le maillot, de places en loges ou en tribunes, de la visibilité des marques sur écrans géants, etc.

Afin de casser un fonctionnement en silo, il était nécessaire de faire évoluer l'organisation des équipes. J'avais regroupé ces trois départements sous l'autorité d'une seule et unique personne. Par ailleurs, je demandai à l'équipe commerciale de se concentrer sur la recherche de partenaires et d'arrêter de se charger de la facturation. Je séparai donc les fonctions de commercial et le traitement des commandes en deux équipes distinctes. Certains commerciaux avaient la responsabilité de trouver de nouveaux partenaires. D'autres devaient entretenir le portefeuille.

Nous systématisions également les questionnaires de satisfaction pour améliorer chaque étape du parcours client.

Une grande partie de l'expérience client se joue le jour du match. Le club ne pouvant pas garantir la victoire de l'équipe, les équipes administratives se concentrent sur ce qu'elles maîtrisent le plus. À savoir le parcours client au stade.

Le jour du match, le moment clé de l'expérience

Une des composantes de l'expérience client les jours de match est la qualité de la restauration. Très souvent, ce sont des prestataires nationaux qui gèrent la restauration au niveau des coursives grand public ainsi que dans les loges VIP. Ces prestataires versent des montants conséquents de partenariat au club qui, en échange, leur délègue la restauration et leur propose de la visibilité pour leurs marques dans le stade. Ce modèle a l'avantage pour le club de sécuriser des revenus commerciaux, mais ne permet pas de favoriser l'expérience client. En effet, ces partenaires, après avoir signé des contrats de longue durée, pilotent leur marge pour générer de la rentabilité, et cela se fait souvent ressentir sur la qualité des produits. Par ailleurs, un contrat avec un club n'est qu'un contrat parmi d'autres pour un grand groupe, et il n'y accorde souvent qu'une attention modérée. Une trop longue durée de contrat peut aussi générer de l'usure chez le prestataire, ce qui se traduit par un service client qui s'amenuise avec le temps.

C'était la situation du FC Lorient en 2015, et le club n'était pas une exception parmi ses pairs. Un an plus tard, je pris la décision de changer de modèle au niveau des loges et de travailler avec des traiteurs locaux [104]. Les montants de partenariats étaient plus faibles, mais l'expérience client était ma priorité. Ce que nous perdrions en revenus commerciaux devait être contrebalancé en satisfaction client. L'évolution des questionnaires de satisfaction montra que ce fut une bonne décision qui augmenta la fidélisation et nous permit de faire preuve de plus de résilience lorsque le club enchaîna de moins bons résultats sportifs. Afin d'éviter tout phénomène d'usure et de créer une saine émulation, je donnai le marché à deux traiteurs qui alter-

104 https://entreprises.fclweb.fr/les-jardins-du-prieure-fournisseur-officiel-du-fc-lorient/, février 2021.

naient selon les matchs et mettaient en place des visites mystères nous permettant de casser le contrat si les appréciations étaient inférieures à une certaine note.

Pour la restauration grand public, la descente en Ligue 2 nous autorisait contractuellement à casser le contrat avec notre prestataire national. Ce fut l'opportunité de développer un nouveau concept baptisé les « Corners du Moustoir »[105]. La vision était de sélectionner des restaurateurs locaux et de leur attribuer à chacun une buvette du stade. Ces restaurateurs vendraient leurs propres produits et pourraient afficher le nom de leur enseigne. Nous appliquions une homogénéité graphique en mettant leur enseigne et le menu aux couleurs du club. Nous validions également les prix pour qu'il y ait une cohérence tarifaire. J'avais vu cette initiative au sein du Barclays Center situé à Brooklyn, New York. Cette salle omnisport accueillant l'équipe NBA des Nets avait constitué un programme appelé le « Brooklyn Taste » et sélectionné plus de cinquante restaurateurs du quartier de Brooklyn. Cette démarche renforçait la relation entre le club des Nets et son quartier. Les Nets jouaient un rôle social important dans leur communauté de Brooklyn. À l'échelle de Lorient, les « Corners du Moustoir » eurent un écho tout à fait favorable et font désormais partie intégrante de l'expérience client.

Avec la volonté de mettre en valeur le territoire, nous avions lancé, quelques années auparavant durant l'été 2016, un projet d'amélioration du Moustoir afin de mettre en avant l'histoire du club. Nous avions habillé le stade autour du terrain en installant des sièges orange et en y rajoutant par un jeu de couleurs de sièges différents les inscriptions « Les Merlus » et « FC Lorient ». Nous voulions également mettre en valeur l'un des premiers maillots du club à damier orange et noir. Une nou-

105 https://www.dailymotion.com/video/x7qqews, février 2021.

velle panneautique et des escaliers repeints alternant le noir et l'orange rappelaient ce maillot historique[106].

Au-delà de la restauration ou de l'aspect visuel du stade, il y a bien d'autres dimensions du parcours client. Cela part de l'achat de la place jusqu'au moment où le supporter rentre chez lui à la fin du match, en passant par l'accueil au guichet, la facilité d'accès au stade, les parkings, le temps d'attente pour franchir le contrôle d'accès, la qualité de l'accueil, la clarté de la signalétique, la propreté des toilettes et des sièges en tribune, l'événementialisation d'avant-match, le confort dans les tribunes et la protection contre les intempéries, la sécurité dans le stade, les bouchons à la sortie du stade, etc.

Toutes ces dimensions peuvent se décomposer dans des critères encore plus fins. À notre niveau, et en prenant en compte l'état assez vétuste du stade, nous améliorions progressivement l'expérience avec une allocation précise de nos ressources limitées. Mais pour passer un cap, il fallait procéder à une rénovation en profondeur du stade.

Les graines semées depuis 2015 commençaient à germer. La santé organisationnelle était plus robuste. Les départements avaient pris l'habitude de travailler en équipe. Des initiatives stratégiques autour du digital et de l'expérience client permettaient d'être prêts lorsque les résultats sportifs suivraient.

Le FC Lorient poursuivait sa marche en avant et achevait la phase aller avec 39 points en 19 matchs et une deuxième place au classement à un point derrière le RC Lens. Le club était dans la course vers la Ligue 1, mais notre expérience des saisons précédentes nous avait appris à rester prudents, tout en étant confiants. Le lien retissé avec le territoire nous transmettait de l'énergie positive et de la force.

---

106 https://fclweb.fr/visites-du-moustoir-sessions-completes-pour-demain/.

Un dirigeant prend constamment des décisions. Sur cent décisions, s'il en prend soixante-dix bonnes, c'est déjà un bon début. Il peut s'appuyer sur ce solide socle pour construire. Ensuite, c'est sa capacité à améliorer les trente autres rapidement qui font la différence. Il faut de la remise en cause, de l'humilité et une organisation ouverte au *feedback* pour tendre vers cela. On ne cesse jamais de semer des graines. Celles qui germent rapidement renforcent la conviction que l'on tend vers la bonne direction. Elles donnent envie d'en semer d'autres. Il y aura toujours un enseignement à tirer de celles qui n'éclosent pas. Elles nous permettent de devenir un meilleur jardinier.

13

UN STADE OPTIMISÉ

PAS TOUS ÉGAUX

Un stade vétuste

Le FC Lorient était en course pour la montée en Ligue 1, et y parvenir n'était pas une finalité. Il fallait donner les moyens au club de se pérenniser dans l'élite du football français. Mais le stade n'était pas au niveau d'un club de Ligue 1. Il n'y avait pas eu d'investissements majeurs depuis pratiquement dix ans. Le stade n'offrait pas une bonne expérience, et une tribune entière était fermée au public depuis deux ans pour raison de sécurité. Le club avait une marge de manœuvre limitée car le stade était détenu par la ville de Lorient.

Le maire de Lorient, Norbert Métairie, était en poste depuis 1998 et avait décidé de ne pas se représenter lors des élections municipales de 2020. Il avait conscience que le stade n'était pas au niveau d'un club de Ligue 1, mais l'équation financière était difficile. Mener à bien ce projet nécessitait une forte volonté politique et Norbert Métairie préférait laisser ce dossier au prochain maire.

Conscient de l'enjeu autour des municipales, nous avions rencontré la majorité des candidats à la mairie de Lorient pour leur exposer notre vision. Il fallait que ce projet d'investissement devienne un sujet de campagne.

C'était une question qui me tenait à cœur, car j'estimais qu'il y avait la possibilité de faire un projet différenciant. Je m'appuyai sur des bonnes et mauvaises pratiques que j'avais identifiées lors de mes différentes visites de stades en France, aux États-Unis et dans d'autres pays européens.

Une dépendance aux collectivités

Dans le cas du Moustoir, j'évoque une rénovation, mais bien souvent les clubs procèdent à la construction de nouveaux stades. Une rénovation totale est plus contraignante du fait de l'existant, n'est pas nécessairement moins chère que la construction d'un nouveau stade et ne garantit pas une expérience client optimisée.

Compte tenu de la surface financière réduite des clubs et de la plupart des collectivités, et du risque de relégation, l'approche est souvent séquentielle. Les travaux s'effectuent tribune par tribune plutôt que sur le stade dans sa globalité. Cela permet d'espacer les budgets, mais de nombreux clubs se retrouvent ainsi équipés de stades qui ont peu d'homogénéité, avec des tribunes récemment rénovées et d'autres vétustes.

En France, les stades de clubs comme Marseille, Toulouse, Lens et Saint-Étienne furent intégralement rénovés entre 2010 et 2016. Les clubs de Bordeaux et Nice abandonnèrent leur ancien stade pour en rejoindre un nouveau. Ces travaux furent financés par les collectivités [107], les clubs n'étant pas propriétaires de leur enceinte sportive. Ils doivent verser une redevance annuelle qui peut s'élever à plusieurs millions d'euros.

Le seul projet de construction de stade récent mené par des investisseurs privés en France fut celui de l'Olympique lyonnais, le Groupama Stadium, inauguré en 2016, d'une capacité de 59 200 places. L'Olympique lyonnais évoluait au stade Gerland depuis 1950, d'une capacité de 42 000 places environ. Cet investissement d'un montant de 410 millions d'euros était un risque lourd à porter par un club, car cela représentait pratiquement deux fois son chiffre d'affaires.

107 Et parfois un acteur privé, en charge de la construction du stade ou de son exploitation. On appelle cela un PPP (partenariat public privé).

Mis à part l'Olympique lyonnais, peu de clubs en France sont propriétaires de leur stade [108]. Il est difficile de trouver des financements suffisants car cela représente un risque significatif. Les clubs restent dépendants du bon vouloir des collectivités locales où ils sont situés.

La taille fait la force

Aux États-Unis, sur les trente-deux franchises évoluant en NFL, la ligue professionnelle de football américain, le plus petit budget en 2020 est celui des Raiders de Las Vegas avec 350 millions de dollars [109]. Aucun de ces clubs ne supporte le risque de relégation, car les ligues sont fermées. La puissance économique associée aux garanties sur l'exploitation permet aux clubs d'investir massivement dans leurs infrastructures [110].

De plus, certains sports américains sont plus propices à dégager un retour sur investissement sur des activités autour du stade. Le club de baseball des Braves, situé dans la métropole d'Atlanta, a inauguré en 2017 tout un quartier autour de son stade, le Truist Park. On y trouve des restaurants, enseignes commerciales, bureaux, hôtels et résidences sur plusieurs hectares. Durant une saison de baseball aux États-Unis, chaque équipe joue au minimum 81 matchs à domicile, ce qui facilite le retour sur investissement d'une telle infrastructure et la diversification des revenus. Dans le football, un tel modèle serait bien plus complexe à mettre en place avec une trentaine de matchs maximum joués à domicile dans une saison.

108 L'AC Ajaccio, le Gazélec d'Ajaccio et l'AJ Auxerre le sont également.

109 Environ 300 millions d'euros.

110 https://www.forbes.com/sites/mikeozanian/2020/05/18/the-stadium-revenue-each-nfl-team-will-lose-if-games-are-played-without-fans/?sh=5115b8ee691a, février 2021.

En Europe, les clubs de football les plus fortunés ont également la possibilité de construire leur propre stade. Leur risque de relégation est minime et leurs revenus, supérieurs à 200 millions d'euros, sont suffisamment élevés pour supporter la construction d'une nouvelle enceinte. Mais pour la majorité des autres clubs de football, il faut réaliser des investissements bien calibrés pour ne pas mettre en péril la survie du club en cas de relégation sportive.

LES TROIS COMPOSANTES D'UN STADE

S'inspirer d'autres secteurs

Lorsque le groupe hôtelier Marriott, la chaîne de restauration McDonald's ou les cafés Starbucks réfléchissent à la construction d'un nouveau site, il y a trois composantes qui sont principalement étudiées : la localisation du site, la capacité d'accueil et l'expérience client.

Un club de football est confronté à la même situation avec son stade. Mais un club a encore moins le droit à l'erreur que l'une des enseignes citées ci-dessus, car il n'a pas un portefeuille de stades à sa disposition pour diversifier son risque. Il fait « tapis » sur un seul stade qui est son domicile pour une longue durée. C'est donc un enjeu central de succès pour un club d'avoir une infrastructure optimisant les trois composantes citées plus haut.

Le stade doit être bien placé. Il doit non seulement être facilement accessible mais, si le spectateur vient en voiture, la capacité de parking doit être suffisante pour se garer sans trop d'encombre. À la différence d'un McDonald's ou d'un hôtel Marriott qui verront des flux de véhicules se succéder réguliërement, les parkings de stade seront utilisés le jour du match et seront moins remplis les autres jours. Selon la capacité du stade et son accessibilité en transport en commun, le nombre de places de parking devra s'évaluer précisément.

La capacité du stade doit être précisément calculée, sachant qu'à la différence d'un café ou d'un hôtel, il existe peu d'économies d'échelle dans la construction d'un stade. Nous ne constatons pas de diminution naturelle du coût par place si la capacité augmente. Cela s'explique par la croissance exponentielle des coûts de structure et de charpente, ainsi que des frais de fonctionnement qui se rajoutent dans un grand stade, tels les ascenseurs ou les places de parking supplémentaires. Il vaut donc mieux être très attentif à ne pas surestimer la capacité de son stade, car la rentabilité de l'infrastructure peut être fortement impactée.

De plus, à la différence d'un hôtel, un potentiel client peut bénéficier du produit sans sortir de chez soi, assis sur son canapé devant la télévision. Pour que les spectateurs soient incités à se rendre au stade, les bénéfices de l'expérience au stade doivent donc être supérieurs à ceux procurés en restant chez soi.

L'exemple récent de quelques stades français

Comme l'indique l'analyse suivante, la rénovation et la construction de stades en France dans la période allant de 2010 à 2020 permirent aux clubs résidents d'augmenter leur affluence. Mais ce furent surtout les clubs de Nice, Lille et Lyon qui bénéficièrent de la plus forte augmentation. Leurs anciens stades étaient vétustes et le déménagement vers un nouveau stade se traduisit par une hausse d'affluence. Les clubs résidents dans des stades ayant été rénovés ne virent pas leur affluence moyenne augmenter significativement. Des clubs comme Toulouse et Marseille virent même leur affluence baisser, en partie à cause de résultats sportifs décevants.

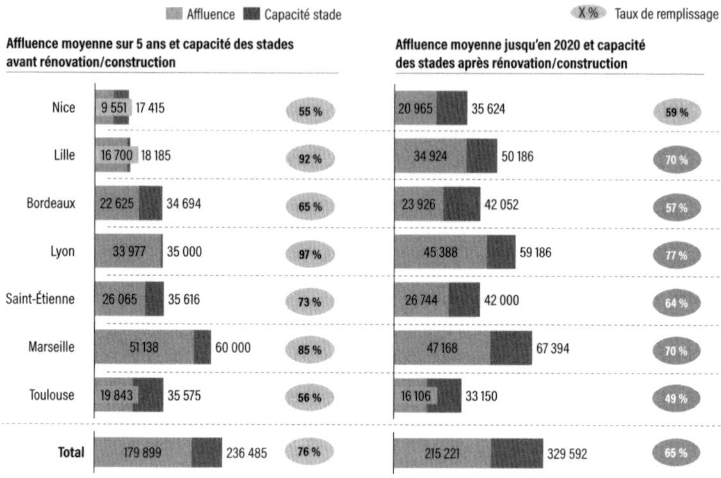

Source : Transfermarkt.

Alors que le taux de remplissage moyen de ces clubs était de 76 % avant les travaux de rénovation ou de construction, le nouveau taux de remplissage s'établissait désormais à 65 %. Des clubs comme Lille ou Lyon évoluaient pratiquement toujours avec des stades pleins, à guichets fermés. Avec leur nouveau stade, leur affluence avait augmenté, mais la surcapacité faisait qu'ils se retrouvaient désormais à des taux d'occupation inférieurs à 80 %.

L'offre de places des nouveaux stades français était trop importante par rapport à la demande potentielle. Avant la rénovation du stade Vélodrome, l'Olympique de Marseille dégageait une moyenne de 23 millions d'euros de billetterie sur la période 2008 à 2012. La moyenne des revenus de billetterie après les travaux de rénovation s'éleva à un peu moins de 18 millions d'euros entre 2014 et 2019, soit une baisse de 5 millions annuels alors que le coût de rénovation fut supérieur à 250 millions d'euros [111].

À la différence d'acteurs privés comme McDonald's, Starbucks ou Marriott, les collectivités ou les clubs n'ont pas un grand degré d'expertise dans la construction de stades car cet événement ne se produit qu'une fois tous les vingt ans. De plus, ces projets sont souvent portés par les collectivités. Les dirigeants de clubs ayant une sensibilité sur la vision finale du stade ont un pouvoir d'influence restreint sur la conception des enceintes.

Les cabinets d'architecte en charge des projets ont une vision architecturale, mais n'ont pas une expertise « expérience spectateurs » très développée. Les stades comme ceux de Bordeaux ou Nice ont peu d'éléments visuels identifiables aux clubs qu'ils accueillent. La réflexion se fait au niveau de la conception, mais pas assez au niveau de l'accessibilité et de l'expérience au stade.

Ces exemples récents de rénovation et construction de stades en France sont de bonnes illustrations de ce qu'il vaut mieux éviter. Ces travaux ayant entraîné des hausses de loyer pour les clubs, la trésorerie supplémentaire dégagée par ces nouvelles enceintes reste limitée, voire nulle. Enfin, le modèle suivi au cours de l'élaboration du projet de ces nouveaux stades repose sur l'idée qu'il est nécessaire de rajouter des places supplémentaires. Cette croyance est erronée.

Une fausse croyance

Il ne suffit pas d'augmenter l'offre de places pour que la demande suive. Ce n'est pas parce que le boulanger produit deux cents baguettes en plus par jour que la demande de pain va

111 https://madeinmarseille.net/30059-cour-comptes-orange-velodrome/, février 2021.

augmenter du même niveau. Un stade qui ne s'agrandit pas est souvent perçu comme un manque d'ambition des dirigeants. Les exemples récents montrent au contraire qu'un stade surdimensionné est un non-sens économique et entraîne aussi un certain nombre d'effets pervers.

Effet pervers n° 1 : Casser la valeur du produit

Les dirigeants exploitant un stade trop grand avec un faible taux d'occupation auront la tentation de maximiser l'affluence par tous les moyens, et notamment les promotions sur les billets de match et la distribution d'invitations, méthodes peu efficaces et contre-productives. Non seulement elles n'impactent qu'à la marge et ponctuellement l'affluence, mais elles dévaluent le produit et habituent les supporters à ce type d'offres. Cela peut même faire baisser le nombre d'abonnés qui voient moins d'intérêt à souscrire un abonnement. En cassant la valeur du produit, on prend le risque de rentrer dans un cercle vicieux, avec une baisse de l'affluence et une diminution du chiffre d'affaires de la billetterie.

Effet pervers n° 2 : Ne pas provoquer de rareté

Un stade où l'offre n'est pas rare ne va pas inciter les gens à anticiper leur achat de place. Les achats se feront souvent à la dernière minute. S'il y a des intempéries le jour du match, l'affluence sera impactée à la baisse. En ne provoquant pas de rareté, il sera aussi plus difficile d'augmenter les prix.

Effet pervers n° 3 : Une moins bonne ambiance

Un stade peu rempli ne favorise pas une bonne ambiance. Des espaces vides créent moins de continuité acoustique. Cela diminue l'expérience spectateur. Une bonne ambiance fait partie intégrante des émotions d'un match et stimule d'énergie des joueurs.

Effet pervers n° 4 : Une mauvaise image

Un stade faiblement rempli donne une image peu attrayante. La presse se saisira du sujet pour faire un article, surtout si les résultats sportifs ne sont pas bons. L'image envoyée auprès des partenaires ne favorise pas la dynamique commerciale car le club ne semble plus être *the place to be.*

Heureusement, il existe des exemples de construction de stade qui furent des succès. Celui de la Juventus de Turin en fait partie. Il illustre les bonnes pratiques à suivre.

La Juventus de Turin, un grand club italien de football, évoluait au Stadio delle Alpi. Ce stade, d'une capacité de 67 000 places, était vétuste et les spectateurs étaient séparés du terrain par une piste d'athlétisme, ce qui diminuait la visibilité et l'ambiance. Ce club, régulièrement qualifié en Ligue des champions et basé dans une des plus grandes villes d'Italie, ne réalisait qu'une affluence moyenne inférieure à 24 000 spectateurs. Les dirigeants du club, dont le Français Jean-Claude Blanc, pilotèrent la construction du nouveau stade, l'Allianz Stadium, d'une capacité de 41 500 places, soit bien plus petit que l'ancien. Il ne se situait qu'à la huitième place du championnat italien en taille alors que la Juventus est l'un des clubs les plus prestigieux de son pays et d'Europe. Au lieu d'investir sur une capacité trop importante, la Juventus concentra ses efforts sur l'expérience client.

- **L'accessibilité au stade** : accès au stade en moins de 30 minutes du centre-ville de Turin et offre parking élevée.

- **Les éléments renforçant l'identification au club** : sièges aux couleurs du club, habillage extérieur avec des références au palmarès, musée du club visitable hors jours de match.

- **L'amélioration de l'ambiance** : l'acoustique dans le stade, la proximité des tribunes avec le terrain, la possibilité d'effectuer des jeux de lumière avec des projecteurs LED.

- **Les services autour du match** : une garderie pour enfants, de nombreux points de restauration avec vue directe sur le terrain, le centre commercial Area 12 à côté du stade.

Ce stade représenta un investissement de 155 millions d'euros et, depuis son inauguration, l'affluence moyenne est de 39 000 spectateurs, soit un taux de remplissage de pratiquement 95 %. Lors de la saison 2018-2019, le Juventus dégagea 65 millions d'euros de revenus billetterie. Cette même année, l'Olympique lyonnais, avec son stade de 59 000 places qui lui coûta 410 millions d'euros, généra 42 millions d'euros de revenus billetterie [112].

L'exemple de la Juventus de Turin indique le chemin à suivre. Il est bien plus judicieux de focaliser ses investissements dans chaque étape du parcours client et dans une bonne segmentation de son offre de places plutôt que de chercher à avoir le plus grand stade. La rentabilité de l'investissement sera bien meilleure et vos équipes vous remercieront, car il est bien plus agréable de vendre un produit rare et désiré.

LA VISION DU STADE DE DEMAIN

Pour en revenir à Lorient, nous avions considéré avec Loïc Féry la possibilité de construire un nouveau stade avec des finance-

112 https://www2.deloitte.com/content/dam/Deloitte/gr/Documents/consumer-business/gr_Deloitte-football-money-league-2020_noexp.pdf, février 2021.

ments privés sur un autre site, mais les habitants de l'agglomération lorientaise et les collectivités locales étaient attachés au stade du Moustoir, situé en plein centre-ville de Lorient. Assez rapidement, nous avons donc conclu qu'il valait mieux opter pour une rénovation si nous voulions voir le projet aboutir dans un délai raisonnable.

Ayant à l'esprit les bonnes et moins bonnes pratiques, je posai les principes suivants pour le futur stade du Moustoir. Ces principes s'appliquant plus largement à toute rénovation ou construction de stade.

Principe n° 1 : Tenir le crayon

Le club doit tenir le crayon. Même si l'investissement est porté par les pouvoirs publics, le club doit piloter le projet car il est le mieux placé pour savoir comment améliorer l'expérience de ses spectateurs. C'est aussi dans l'intérêt des collectivités de comprendre que l'argent sera mieux investi s'il est alloué par l'utilisateur final. Compte tenu de l'ampleur de l'investissement et de l'utilisation de l'infrastructure par le club durant de nombreuses années, les dirigeants doivent s'entourer d'experts. Leur coût ne représente pas grand-chose par rapport à l'impact d'un stade mal conçu. Le club doit faire appel à un maître d'ouvrage délégué qui l'aide à piloter et cadrer le cabinet d'architecte.

Principe n° 2 : Ne pas négliger l'accessibilité

Il faut veiller à la fréquence de la desserte par les transports en commun. Son augmentation peut être nécessaire les jours de match pour fluidifier l'accès au stade. S'assurer que le stade est bien desservi par le réseau routier est également un élément indispensable, en particulier lorsque l'on en construit un nouveau. Prendre deux heures pour aller ou revenir d'un match à cause des bouchons n'est pas possible. Rien de mieux pour inciter ses supporters à rester chez eux devant la télévision. L'offre de parkings autour du stade doit aussi atteindre un minimum de 10 % de la capacité du stade. Ils peuvent être une source de revenus non négligeable et complémentaire au prix d'un billet.

Principe n° 3 : Limiter la capacité

Un dirigeant de club doit rester vigilant sur la capacité du stade. Pour définir la capacité cible, il convient d'abord de regarder l'affluence moyenne payante des saisons précédentes hors invitations. Ensuite, selon la taille de l'agglomération, on peut définir la bonne grandeur du stade, qu'il est préférable de sous-dimensionner que l'inverse. Le nombre de places en loges doit représenter autour de 10 % de la capacité totale. Ce n'est pas parce que la capacité du stade est limitée qu'il faut pour autant pratiquer une tarification élevée. Une tarification populaire doit pouvoir être réservée aux abonnés, aux fidèles. Sur les places restantes, les prix doivent être supérieurs, et un club ne doit pas avoir d'états d'âme car ce sont souvent les supporters des équipes adverses qui viendront voir le match.

Principe n° 4 : Adapter le stade à l'identité du club

Aux États-Unis, les franchises personnalisent les stades à l'identité du club. Par exemple, dans de nombreux stades de baseball, comme à l'Oracle Park de San Francisco, on retrouve des statues d'anciennes gloires du club. Au Madison Square Garden de New York, une frise de trois cent soixante-cinq photos fait le tour de la salle en rappelant avec chaque jour de l'année tous les événements sportifs marquants ayant eu lieu dans cette enceinte. Les stades de clubs européens financés par des fonds privés sont bien plus personnalisés que ceux financés par des collectivités locales. Ce n'est pas un stade que l'on pourrait déplacer ailleurs. Il génère un sentiment d'appartenance. À Lorient, nous avions effectué en 2016 des travaux d'habillage. Ces modifications avaient été bien perçues et nous souhaitions nous appuyer sur cela pour la suite. Des détails rappelant l'histoire maritime du territoire et du club devaient aussi être présents.

Principe n° 5 : Se mettre en mode « le diable est dans les détails »

Le nouveau stade de Tottenham Hotspur fut inauguré le 3 avril 2019. Son coût étant supérieur à 1 milliard d'euros, il valait mieux ne pas se tromper dans sa réalisation. Daniel Levy, président et propriétaire du club, acquit la réputation de se pencher sur tous les détails durant les travaux du stade. Les bonnes décisions ont un impact sur une très longue durée, et les mauvaises aussi... Le souci du détail doit être au service de l'expérience. La meilleure approche consiste à se mettre à la place d'un supporter et de couvrir toutes les étapes du parcours. Pour tirer le meilleur d'une rénovation ou d'une construction, il ne suffit pas d'investir, il faut aussi s'investir.

Principe n° 6 : Avoir une logique de retour sur investissement

Un dirigeant devra garder une approche de retour sur investissement. Les dépenses doivent être engagées pour améliorer l'expérience client et non pour se faire plaisir avec des projets pharaoniques ou d'une ambition architecturale trop poussée. Les espaces privatifs pour la direction et le pôle sportif doivent être fonctionnels et non démesurés. Le Wifi est une option onéreuse et pas toujours nécessaire selon la qualité du réseau autour du stade. Il convient de se concentrer sur les investissements qui ont le plus d'impact. Une excellente accessibilité, des détails d'identification dans le stade, des coursives accueillantes avec un nombre de points de vente suffisant, une expérience à la place de qualité sont les composantes d'un stade performant.

Suite aux entretiens avec les différents candidats à l'élection de la mairie de Lorient, la rénovation du Moustoir était devenue une thématique de campagne. En parallèle, j'avais lancé une consultation auprès de cabinets d'architectes au premier semestre 2020 afin de définir une vision d'un Moustoir rénové. Nous avions une première feuille de route et des éléments visuels encourageants. Le nouveau maire de Lorient, Fabrice Loher, fut élu en juin 2020. C'était l'occasion de partager avec lui le détail de notre vision. Le 23 août 2020, une conférence de presse eut lieu afin de lancer le projet [113]. Le premier comité de pilotage se déroula mi-octobre 2020 avec pour objectif de lancer les travaux de rénovation au plus tard le premier semestre 2023. Cela prendrait plusieurs années, mais la rénovation du Moustoir était enfin sur les rails.

113 https://www.ouest-france.fr/bretagne/lorient-56100/fc-lorient-un-stade-renove-autour-d-une-vraie-reflexion-urbaine-6945762, février 2021.

14

ÉCONOMIE DU FOOTBALL ET PERSPECTIVE

UNE PROFITABILITÉ EN QUESTION

Pas une fatalité

Nos prévisions budgétaires sur l'exercice 2019-2020 nous assuraient un cinquième résultat positif consécutif. Sur mes sept années au FC Lorient en y incluant la période 2009 à 2011, chaque exercice comptable avait été bénéficiaire.

Résultat courant avant impôt, FC Lorient

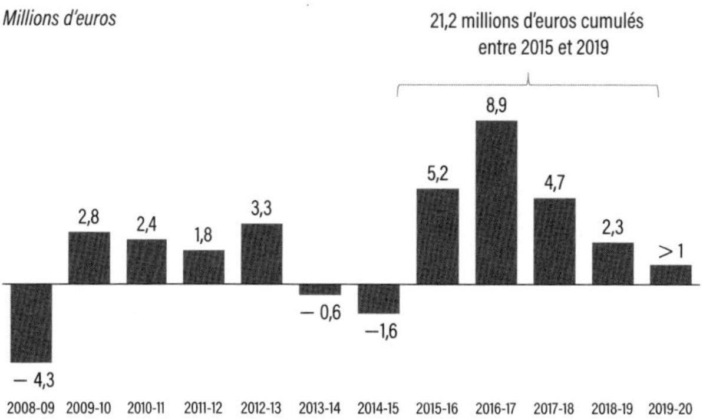

Source : Rapports DNCG.

Sur la période de 2015 à 2019, le club avait obtenu un résultat courant avant impôt cumulé de 21,2 millions d'euros. Par rapport à l'ensemble des club professionnels ayant évolué dans les championnats de Ligue 1 et Ligue 2 durant cette même période [114], cette performance était l'une des plus élevées de France.

114 Sont exclus de cette analyse les clubs ayant évolué en troisième division française entre 2015 et 2019, car toutes les informations ne sont pas disponibles.

TOP 10 clubs français, résultat courant avant impôt cumulé entre 2015 et 2019

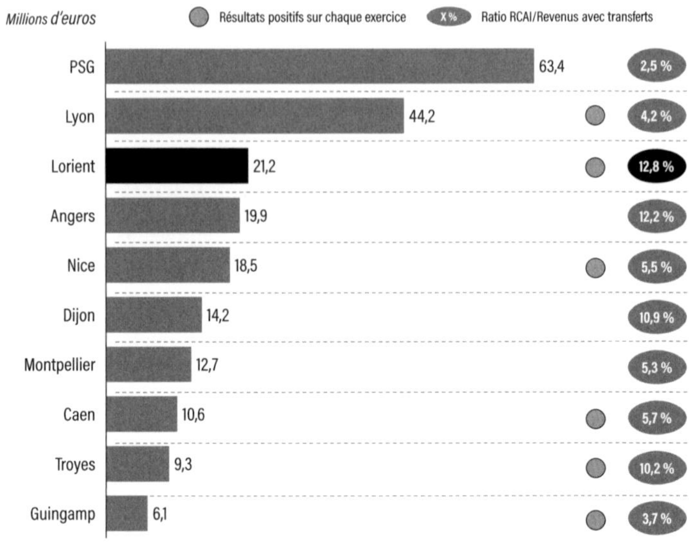

Source : Rapports DNCG.

Le FC Lorient apparaît comme le troisième club le plus profitable derrière le Paris Saint-Germain et l'Olympique lyonnais, les deux plus importants budgets du football français [115]. Par rapport à son chiffre d'affaires, le club affiche une rentabilité de 12,8 %, soit la meilleure de l'ensemble des clubs français. Malgré la descente en Ligue 2, le FC Lorient avait continué à consolider ses finances.

Peu d'actionnaires seront satisfaits d'une direction qui ne réussit pas à développer la profitabilité de l'entreprise. Il peut y avoir des périodes difficiles liées à un contexte non porteur ou une restructuration à effectuer. Des entreprises en forte croissance peuvent également sacrifier la rentabilité durant un certain temps pour capturer des parts de marché. Mais bien

115 Les comptes 2019-2020 indiquent de lourdes pertes pour le Paris Saint-Germain et l'Olympique lyonnais avec un résultat de – 129,2 millions d'euros et – 36,5 millions d'euros respectivement. Le résultat 2019-2020 du FC Lorient est positif et s'élève à 1 million d'euros.

souvent, un dirigeant n'a pas beaucoup d'excuses s'il ne dégage pas des résultats.

Pourtant, dans le football, on est plus souvent jugé sur les résultats sportifs du club que sur l'équilibre économique. Il est assez confortable pour un dirigeant salarié d'estimer qu'un club de football n'a pas à être rentable et qu'il est normal qu'un actionnaire renfloue régulièrement la trésorerie du club. Cette façon de voir les choses est rarement celle d'un dirigeant de PME. Mais si elle est couramment admise dans le football, ce n'est pas de la seule responsabilité du dirigeant salarié. C'est aussi celle des actionnaires, lesquels rentrent souvent au capital de clubs de football pour des raisons qui ne sont pas strictement économiques.

Être président d'un club est l'opportunité pour un actionnaire de développer ses autres activités professionnelles. Jean-Michel Aulas, par exemple, profita de la notoriété de l'Olympique lyonnais pour accélérer le développement de Cegid, sa société de logiciels de gestion spécialisés dans la comptabilité et les ressources humaines. Cela ne l'empêcha pas également de développer son club avec succès. L'impact médiatique du football est utilisé aussi par les États pour leur image. Si le Qatar racheta le Paris Saint-Germain en 2011, c'est pour renforcer son « *soft power* ». Cette stratégie est choisie également par certaines entreprises comme Ineos, l'entreprise pétrochimique anglaise, qui racheta l'OGC Nice à l'été 2020. Des investisseurs fortunés en quête d'émotions et de reconnaissance peuvent aussi trouver un intérêt à investir dans un club. Enfin, des chefs d'entreprise décident de reprendre un club de leur région d'origine pour des raisons affectives, à l'instar de la famille Pinault, propriétaire du Stade rennais.

La course à l'armement

Souvent, un club, afin de constituer le meilleur effectif possible, se retrouve en concurrence sur le recrutement d'un bon profil. C'est la course à l'armement. Les clubs vont surenchérir pour attirer le joueur. Pour être provocateurs, nous pourrions dire que le football est l'un des secteurs les plus socialistes qui soit. La richesse va surtout aux salariés, en particulier aux joueurs [116].

Alors que les revenus cumulés des clubs membres de l'UEFA ont pratiquement doublé de 11,7 milliards d'euros en 2009 à 21,1 milliards en 2018, il fallut attendre 2017 pour que, pour la première fois, les clubs dégagent un résultat net positif cumulé [117]. Ce résultat, de 579 millions d'euros, représentait moins de 3 % de résultat net sur le chiffre d'affaires global. Cette joie fut de courte durée. Dès 2018, le résultat net positif descendit à 140 millions d'euros.

Si nous avons observé un début de rentabilité en 2017, le fair-play financier (FPF) y est pour quelque chose. Le FPF fut adopté en 2010 par l'UEFA pour couper l'herbe sous le pied à des stratégies de fort endettement ou de déficits élevés. Si un club ne respecte pas le FPF, il s'expose à des amendes pouvant s'élever à plusieurs dizaines de millions d'euros ou à une exclusion en Coupe d'Europe.

La croissance des revenus a profité à certains actionnaires car la valorisation de leurs clubs a augmenté. Mais cela ne se traduit pas par une hausse significative de la profitabilité ou par une forte diminution de l'endettement. Dans cette course à l'armement, la stratégie d'un club est d'augmenter sans cesse ses revenus, et donc sa masse salariale, pour attirer les meilleurs

116 Le sport n'est pas le seul secteur où les salariés capturent la majorité de la valeur économique. Dans le milieu artistique, on retrouve également certaines de ces caractéristiques.

117 *UEFA European Club Footballing Landscape report*, 2018.

joueurs. Et, comme dans bien d'autres secteurs, la croissance des revenus provoque aussi des inégalités.

DES INÉGALITÉS QUI SE CREUSENT

Une concentration de la richesse

L'augmentation des revenus dans le football a contribué à l'accroissement des inégalités entre clubs. Sur les 980 millions d'euros de croissance entre 2017 et 2018, 739 millions d'euros, soit 75 % du total, ont été capturés par les vingt plus grands clubs de football européens. Un football de clubs à deux vitesses s'est créé avec un groupe sélectif des grands clubs concentrant la majorité de la richesse. Les autres clubs se battent pour récupérer le reliquat.

Évolution des revenus entre 2018 et 2019 des 712 clubs de football évoluant en 1re division des ligues UEFA

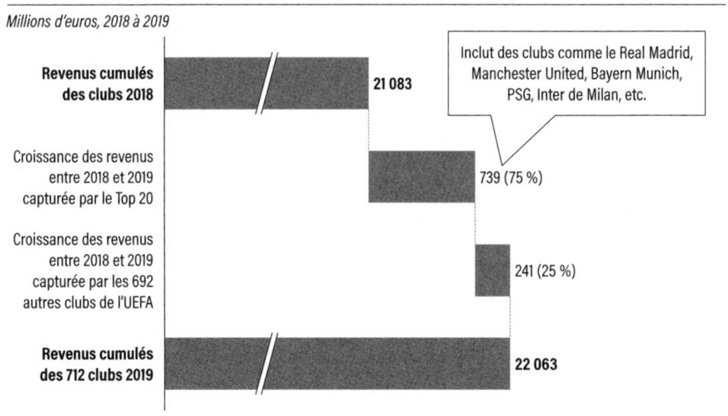

Source : UEFA European Club Footballing Landscape report.

L'internationalisation et la force des marques des grands clubs les mettent en situation idéale pour capturer des revenus que la majorité des autres clubs ne peuvent pas saisir. Ces grands clubs attirent en sponsoring des groupes internationaux et des contrats de merchandising avec Nike, Adidas ou Puma leur générant des dizaines de millions de revenus par an. Ils obtiennent aussi des revenus de billetterie importants, car non seulement ces clubs attirent plus de spectateurs, mais ils peuvent pratiquer des prix élevés sur un nombre de matchs supérieur grâce à la Coupe d'Europe. Ces clubs ont les meilleurs résultats sportifs et capturent une grande partie des droits TV domestiques et internationaux. À la description de cet avantage compétitif pour les plus grands clubs, s'ajoutent les autres sources de revenus hors jours de match. Par exemple, le musée du FC Barcelone a généré à lui seul plus de 50 millions d'euros en 2018-2019, soit plus que le budget de douze clubs de Ligue 1, hors transferts, sur cette même saison.

Il est difficile, voire pratiquement impossible, pour des clubs n'appartenant pas à ce groupe restreint d'y accéder. La seule voie d'entrée étant l'apport de capital très significatif afin d'investir dans le recrutement de joueurs et la construction progressive d'une marque globale. Cependant il faut souligner que le fair-play financier constitue une barrière à l'entrée pour tout investisseur souhaitant intégrer le cercle fermé des top 30 clubs européens. Des déficits trop importants pour financer la croissance seraient sanctionnés par l'UEFA.

Un modèle fragile

La hausse des revenus du football et des transferts de ces dernières années a alimenté l'augmentation des masses salariales. Des clubs y ont vu l'opportunité de développer une stratégie de *trading* de joueurs. Ils consentent à creuser leur déficit d'exploitation, car ils sont confiants sur la santé du secteur et pensent compenser ces déficits avec des transferts de plus en plus élevés. La majorité des clubs se retrouvent obligés d'adopter cette stratégie pour obtenir des résultats sportifs satisfaisants. La forte croissance du secteur n'a pas permis aux clubs de construire un modèle plus équilibré. C'est même l'inverse, avec l'augmentation des déficits d'exploitation et la forte dépendance aux transferts. Cette évolution a également renforcé l'importance des joueurs. Ils ne sont plus seulement au centre de la réussite sportive mais sont devenus les garants de la pérennité économique des clubs. Il devient de plus en plus difficile pour des dirigeants, d'un point de vue managérial, de faire passer l'institution au-dessus des joueurs.

Tant que le marché est en croissance ou stable, ce modèle de dépendance aux transferts peut tenir. Mais si le marché se rétracte, la chute peut être rude. Ce mécanisme n'est pas sans rappeler les fondamentaux d'une bulle.

Si les montants de transferts ont autant augmenté, c'est parce que toutes les sources de revenus sont plus importantes. En particulier ceux des droits TV, qui capturent plus de 50 % de la croissance du secteur sur la dernière décennie. Pourtant, les revenus issus de droits TV domestiques commençaient à montrer quelques signes d'essoufflement. La Bundesliga a vendu ses droits TV domestiques sur la période 2020-2024 pour 1,1 milliard d'euros par saison en juin 2020. Le précédent contrat rapportait 1,16 milliard d'euros. Le nouveau contrat étant en léger recul. Une première après plusieurs années de forte croissance.

Leaders est une société qui réunit les principaux acteurs du sport autour de conférences sur le secteur et de rencontres entre dirigeants. J'assistai à leur conférence annuelle à Londres en 2019 et le thème principal était l'évolution des droits TV. C'était un sujet de préoccupation des clubs européens. Les diffuseurs se plaignaient de l'absence de contrôle du piratage qui représentait un manque à gagner de plusieurs milliards d'euros pour l'audiovisuel sportif. En France, ce manque à gagner s'élevant à pratiquement 10 % du marché avec 12 millions d'internautes qui consomment du contenu audiovisuel de manière illicite[118].

Pour les diffuseurs, ce piratage réduit la rentabilité de leur investissement, avec des audiences en baisse. Il faut reconnaître que pour les consommateurs, il est difficile de s'y retrouver parmi toutes les offres proposées. Le budget s'envole rapidement. Maximiser les revenus immédiats de droits audiovisuels en les basculant sur plusieurs opérateurs privés se fait souvent au détriment des consommateurs. En 2019-2020, l'audience moyenne des matchs sur Canal Plus en France était de 851 000 téléspectateurs. Deux fois moins qu'en 2007-2008[119]. En rendant plus difficile et cher l'accès au produit, certains supporters s'en sont détournés ou se sont dirigés vers des plateformes illégales. Par exemple, en août 2020, pour un supporter français, s'abonner à l'intégralité des matchs de Ligue 1, Ligue 2 et Ligue des champions représentait un budget mensuel de 88,90 euros[120]. Il fallait s'abonner à quatre opérateurs différents, à savoir beIN SPORTS, RMC Sport, Canal Plus et Téléfoot de Mediapro[121].

118 https://www.lefigaro.fr/flash-eco/piratage-un-manque-a-gagner-d-un-milliard-pour-l-audiovisuel-et-le-sport-20201202, février 2021.

119 Comment la Ligue 1 a perdu la moitié de ses téléspectateurs – Capital.fr (ampproject.org) , février 2021.

120 https://www.lemonde.fr/les-decodeurs/article/2020/08/22/telefoot-canal-bein-quel-budget-pour-regarder-vos-sports-preferes_6049661_4355770.html, février 2021.

121 En fin d'année 2020, Mediapro stoppa son contrat avec la Ligue de football professionnel. Sur les 3,5 millions d'abonnés ciblés, seuls 600 000 avaient souscrit à l'offre, soit à peine plus de 15 % de ce qui était prévu. La Ligue de football professionnel trouva un accord avec Canal Plus pour reprendre la diffusion pour la saison 2020-2021. Le montant des droits TV sur cette saison dégringola de plus de 40 % à environ 750 millions d'euros annuels.

Cette recherche immédiate de revenus supplémentaires éloigne les clubs de football de leurs fondations : leurs supporters. En Italie, la part des 14-34 ans qui regardaient la Serie A chaque semaine est passée de 44 % à 35 % entre 2001 et 2021, selon le cabinet italien Stageup [122]. On constate moins d'intérêt des nouvelles générations à regarder des matchs de football dans leur intégralité.

Le modèle économique des clubs est fragile et la croissance de ces dernières années n'a pas permis de le renforcer. L'apparition de l'épidémie de la COVID-19 fut un test de résistance pour le secteur.

DE NOUVELLES PERSPECTIVES

La COVID-19 et la montée en Ligue 1

Grâce à un excellent début d'année 2020 ponctué par quatre victoires consécutives, le FC Lorient caracolait en tête de la Ligue 2. Le club avait 51 points après 23 journées et 9 points d'avance sur le troisième du championnat. L'équipe enchaîna ensuite une série plus difficile. Sur les cinq matchs suivants, elle n'obtint qu'une seule victoire. Malgré cette série, à l'issue de la 28e journée de Ligue 2 en mars 2020, le FC Lorient était toujours en tête du championnat.

C'est à ce moment que le Championnat de France de football fut suspendu. Depuis quelques semaines déjà, la COVID-19 s'était répandue en Europe. Afin de maîtriser l'épidémie, des mesures de confinement furent prises et l'immense majorité des championnats européens arrêtés, tous sports confondus.

122 Le foot face à la fuite du jeune public (la-croix.com), février 2021.

Ce fut un coup d'arrêt brutal et imprévu pour l'économie mondiale. Celle du football n'était pas une exception. L'ensemble des ressources des clubs étaient touchées. Plus de droits audiovisuels ou de revenus commerciaux. Un marché des transferts qui s'annonçait atone.

Cette période de grande incertitude mettait les ligues de football face à un choix cornélien. Il y avait la volonté de reprendre les championnats, mais il était impossible de faire abstraction de la situation sanitaire dont personne ne pouvait connaître l'évolution.

Chaque pays et ligue locale menèrent leur propre stratégie. En France, le conseil d'administration de la Ligue de football professionnel prononça l'arrêt définitif de la Ligue 1 et de la Ligue 2. Les classements étaient figés au moment de l'arrêt du championnat. Les promotions et relégations furent validées et les barrages d'accession annulés.

C'est ainsi que, seul dans mon bureau au centre d'entraînement de Lorient, le jeudi 30 avril 2020 vers 17 heures, j'appris que, après trois années de Ligue 2, le club accédait à nouveau à la Ligue 1. Malgré le contexte, je ne faisais pas la fine bouche. Après 28 journées, le FC Lorient avait été 27 fois dans les deux premiers du classement et 22 fois leader du championnat. Nous avions la meilleure différence de buts de Ligue 2 avec la meilleure attaque et la troisième meilleure défense. Notre première place n'était pas usurpée, mais nous avions le devoir de rester humbles compte tenu des circonstances.

Pour la première fois depuis la création du club en 1926, le FC Lorient était sacré champion de Ligue 2. Le club montait en Ligue 1 sans Christian Gourcuff à la tête de l'équipe. Une première également. Pour la 95e ville de France, et dans un club aussi marqué par un homme clé pendant de nombreuses années, la performance était belle. Le FC Lorient avait écrit une jolie page de son histoire.

Malgré la satisfaction de la montée, la crise sanitaire et économique engendrée par le virus créait des lendemains incertains. En tant que dirigeant, il est préférable de concentrer son énergie dans l'élaboration de différents scénarios et de se tenir prêt à tout. Même au pire. D'ailleurs, avant même l'apparition de la COVID, le scénario du pire pour la majorité des clubs avait déjà été évoqué. À savoir la création d'une ligue privée.

Vers une ligue privée ?

Deux ans avant la COVID, les plus grands clubs membres de l'ECA[123] entamèrent une réflexion pour la création d'une ligue privée. Quand cette réflexion devint publique en 2019, ce fut le branle-bas de combat du côté des ligues de football domestiques et des clubs ne faisant pas partie de ceux susceptibles d'intégrer cette ligue. Soit l'immense majorité des clubs, dont le FC Lorient.

Ce modèle de ligue privée n'est pas sans rappeler le fonctionnement du sport aux États-Unis. Les ligues américaines sont puissantes. Elles ont pour mission de maximiser l'attractivité des ligues et la valeur des franchises. Tout découle de cette mission. À savoir une absence de relégation, des plafonds de salaire, des contrats cadres négociés pour tous[124], la possibilité donnée à une franchise de changer de ville, des *drafts* permettant à des clubs mal classés sportivement de se redresser en ayant la priorité dans les recrutements des plus grands potentiels. Les propriétaires de franchises américaines réalisent généralement des plus-values importantes lorsqu'ils décident de vendre.

123 L'association européenne des clubs.
124 Un seul équipementier pour l'ensemble des équipes par exemple.

Par exemple, Mikhail Prokhorov acheta la franchise NBA des Brooklyn Nets en 2009 pour 365 millions de dollars. Dix ans plus tard, en 2019, il la céda pour 2,3 milliards de dollars.

La crise de la COVID ne mit pas un coup d'arrêt dans la volonté des plus grands clubs européens de tendre vers une ligue privée. Impactés comme les autres par la crise économique, ils virent cette période comme l'opportunité de modifier le format des compétitions. Des échanges entre l'UEFA et les clubs européens eurent lieu afin de définir le nouveau format de la Ligue des champions à partir de 2024. L'UEFA valida un mini-championnat de 36 équipes avec une formule réduisant l'aléa sportif et augmentant le nombre de rencontres afin d'assurer plus de revenus [125]. Mais ce n'était pas suffisant pour douze clubs qui tentèrent en avril 2021 de faire sécession en prônant la création d'une Super League européenne indépendante. Cette Super League privée proposait un format encore plus fermé [126]. Sous la pression des supporters, des institutions du football et des pouvoirs publics, la plupart des douze clubs concernés rétropédalèrent en moins de 48 heures.

Un modèle à repenser

Il serait bien présomptueux d'affirmer avec certitude quelle sera l'évolution du football. Nous pouvons toutefois évoquer quelques pistes non exhaustives permettant de repenser le modèle des clubs dans les années à venir. D'ailleurs, on peut déjà distinguer certaines tendances.

Piste n° 1 : Un meilleur équilibre entre les acteurs du football

125 https://www.lequipe.fr/Football/Article/La-reforme-de-la-ligue-des-champions-profitera-a-la-france/1237479, juillet 2021.
126 https://www.europe1.fr/sport/participants-format-financement-ce-quil-faut-savoir-du-projet-de-super-league-4039610, juillet 2021.

Nous avons vu que la recherche immédiate de revenus supplémentaires ne permet pas nécessairement d'améliorer les situations financières des clubs et peut se faire au détriment des supporters. Un changement de paradigme serait de se concentrer sur le contrôle des coûts et de plafonner les salaires à un pourcentage des revenus hors transferts. Cela permettrait aux clubs de diminuer les déficits d'exploitation et de réduire la dépendance aux transferts. Mais dans l'Europe du football, cela est difficile à mettre en place, car le marché est fragmenté par pays. Si la France décidait seule d'instaurer un *salary cap*, cela pourrait provoquer la fuite des talents vers d'autres championnats plus généreux. Ce type de décision relève donc principalement de la responsabilité des ligues nationales, mais aussi de la direction de chaque club et des instances internationales comme l'UEFA ou la FIFA.

Les ligues et les clubs devraient aussi renforcer leur attention sur l'accessibilité de l'offre audiovisuelle pour leurs supporters. Le choix des diffuseurs ne devrait pas s'effectuer uniquement sur la meilleure offre financière. Suivre le football à la télévision devrait être abordable et l'offre devrait être limitée à quelques opérateurs. Si l'on suivait ces principes, on respecterait davantage les supporters et l'on protègerait l'avenir. Par ailleurs, de nouvelles offres audiovisuelles pourraient apparaître, comme de l'achat au match ou le suivi d'une seule équipe durant un championnat.

D'autre part, la diminution du nombre de matchs par saison devrait également être étudiée. La santé des joueurs est mise à rude épreuve. En particulier pour ceux évoluant dans des compétitions européennes. Avec de nouvelles compétitions telle la Coupe du monde des clubs, ce n'est pas seulement le nombre de matchs, mais aussi les distances de déplacement qui ont augmenté ces dernières années. La Fifpro[127], le syndicat des

127 Fédération internationale des associations de footballeurs professionnels.

joueurs, sur la saison 2018-2019, indiqua dans un rapport que le joueur sud-coréen Son Heung-min évoluant à Tottenham joua 78 matchs et parcourut plus de 110 000 kilomètres en avion[128]. Les temps de récupération entre les saisons sont de plus en plus courts. Il serait utile de se concentrer davantage sur la qualité que sur la quantité de matchs.

Piste n° 2 : Impact global, empreinte locale

Un club de football doit se développer dans un monde globalisé tout en gardant une forte empreinte locale. Les séries TV issues de clubs anglais telles *Sunderland 'Til I Die*[129] ou *Take Us Home*[130] sont d'excellents exemples de contenus augmentant la visibilité des clubs. Ce type d'initiatives devrait continuer à se développer afin de s'adapter aux attentes des nouvelles générations. Mais en parallèle, les clubs doivent cultiver le lien local. À l'image des clubs du Pays basque espagnol comme l'Athletic Bilbao et la Real Sociedad, les clubs devraient se concentrer plus fortement sur des projets de formation afin de renforcer leur identité. Ces clubs pourraient également mutualiser leurs forces avec d'autres organisations sportives de leur territoire en devenant omnisports. À l'instar du football en Allemagne où les clubs doivent être détenus en majorité par des investisseurs allemands, les clubs gagneraient à avoir dans leur actionnariat quelques acteurs locaux. Un seul représentant de ces acteurs ferait partie du conseil d'administration du club afin de ne pas complexifier la gouvernance.

128 https://www.fifpro.org/fr/industrie/at-the-limit, février 2021.

129 Série diffusée sur Netflix sur la descente aux enfers de Sunderland en Championship puis League One.

130 Série diffusée sur Amazon Prime sur la montée de Leeds United en Premier League anglaise.

Piste n° 3 : S'unir pour réussir

Des modèles de regroupement de clubs sont apparus ces dernières années. La famille Pozzo fut précurseur avec le rachat de l'Udinese en Italie, puis de Grenade en Espagne et Watford en Angleterre. Plus récemment, la société Red Bull est devenue propriétaire de plusieurs clubs tels l'Austria Salzbourg en Autriche et le RB Leipzig en Allemagne. Le plus grand conglomérat de clubs est le City Football Group dont fait partie le prestigieux club de Manchester City. En 2020, ce groupe est présent dans le capital de dix clubs de football à travers le monde et sa croissance n'est pas terminée. Ce modèle de regroupement de clubs est avant tout une stratégie de *trading* de joueurs en formation ou post-formation. Il existe d'autres synergies dans ce modèle telles le partage de bonnes pratiques entre clubs, l'expertise dans la construction des centres d'entraînement, etc.

En fin de compte, ce sont les supporters, les amoureux du football qui auront sans doute le dernier mot sur le futur du secteur. L'exemple de la tentative avortée de la Super League l'a bien montré. Si les revenus du football ont augmenté dans de telles proportions, c'est parce qu'une grande partie de la population mondiale aime ce sport. La meilleure façon pour le secteur de ne pas oublier ces amoureux du football est de prendre des décisions qui privilégient les émotions générées par le football. La réussite économique, comme le résultat sportif, sont la conséquence du projet sportif. La qualité et la rareté du spectacle proposé, les émotions suscitées, les valeurs partagées sont au centre de tout.

Le football ne doit pas devenir aseptisé. Il ne faut pas oublier que la plupart des joueurs professionnels sont passés par des clubs amateurs. C'est là où leur passion s'est construite. Avec l'éducateur du quartier, leurs copains d'enfance, leurs parents au bord du terrain. Il n'est pas nécessaire d'être le plus riche pour construire une entreprise saine, un club sain. Dans un club de la taille du FC Lorient, nous ne faisions pas partie des grands de ce monde. Nous étions professionnels, mais nous ne jouions pas la Ligue des champions. Nos joueurs n'étaient pas les plus grandes stars internationales, mais c'étaient des athlètes de haut niveau. C'est tellement dur d'en devenir un. J'avais de l'admiration pour eux comme pour l'ensemble de mes équipes. À notre niveau, nous avons vécu pendant plusieurs années de nombreuses aventures. Des hauts et des bas. Des sourires et des pleurs. Des réussites et des erreurs. Mais surtout une belle histoire collective qui tisse des liens pour toujours.

C'était le moment de faire le bilan sur mon histoire au FC Lorient. Cela faisait déjà cinq ans que j'étais revenu. Le club venait de remonter en Ligue 1. Un cycle s'achevait.

CONCLUSION

Depuis quelques mois, je me posais des questions sur mon futur au FC Lorient. J'allais vers ma cinquième année en tant que directeur général et je sentais que j'étais en fin de cycle. Nous arrivions à la fin du plan stratégique Lorient Express 2020 que j'avais construit avec mes équipes en 2015. Il fallait se projeter sur une nouvelle vision, mais je n'avais plus la fraîcheur d'antan. Aucun salarié n'avait mémoire d'un directeur général resté aussi longtemps en poste. Cinq ans à la tête opérationnelle du club étaient déjà un bon accomplissement.

J'avais vécu de nombreuses émotions. Comme d'habitude, entre le plan et la réalité, il y avait eu un lot d'imprévus et de difficultés. Mes premières années en Ligue 1 m'avaient permis, avec les équipes, de remettre en route la machine administrative du club et d'améliorer progressivement la santé organisationnelle. La descente en Ligue 2 fut un moment douloureux, mais me donna l'opportunité d'être responsable de la partie sportive et de bâtir, avec toutes les équipes, un nouveau projet collectif. Grâce à l'engagement total de tous, le FC Lorient petit à petit réussit à faire converger santé et performance.

Comme pour le départ d'un joueur, il est nécessaire de sentir le bon timing et ne pas faire l'année de trop. Il n'est pas chose aisée de mettre fin à un cycle quand la performance est toujours là. Mais lorsque le club descendit en Ligue 2, je me suis dit qu'il fallait qu'il soit de retour en Ligue 1 avant que je puisse envisager la suite. C'était un défi personnel. La remontée nous prit trois ans. Ce fut beaucoup et peu à la fois. Beaucoup, parce qu'avec un peu plus de réussite nous aurions pu remonter plus vite. Peu, parce que pour un club évoluant dans une ville de la taille de Lorient, une remontée en Ligue 1 est une excellente performance. Des clubs français historiques comme Auxerre, Sochaux, Le Havre ou Valenciennes, végétant en Ligue 2 depuis bien plus longtemps, savent de quoi je parle. Je souhaitais mettre en place une culture d'exigence et un fort niveau de responsabilisation. Mon rôle était d'être le garant de cette culture interne et sûrement pas de chercher à me rendre indispensable. Le club était une PME saine avec des gens compétents à tous les niveaux.

Je fis part de ma réflexion à Loïc Féry suite à la montée du club en Ligue 1 en mai 2020. Nous avions parcouru un beau chemin ensemble. Notre première rencontre en 2008, le rachat du FC Lorient en 2009, mon premier passage jusqu'en 2011 puis le deuxième cycle entre 2015 et 2020. Nous avions appris à nous connaître et à travailler en bonne intelligence. Il savait que mon séjour au FC Lorient ne serait pas éternel. Il y avait du respect mutuel pour le travail accompli ensemble. Ce fut l'occasion de préparer la passation. Le mercato d'été suivant la remontée devait permettre d'aller chercher le maintien en Ligue 1 [131]. Je l'avais préparé avec les équipes et je souhaitais y participer avant de partir. J'accompagnais le club avec le recrutement de plusieurs joueurs que nous suivions de longue date, comme le défenseur Trevoh Chalobah, prêté par le club anglais de Chelsea FC, ou Terem Moffi en provenance du club belge de KV Courtrai. Loïc Féry choisit un membre du conseil d'administration pour prendre la suite à la direction générale. Je lui transmis progressivement les dossiers. J'eus droit à un pot

131 Le FC Lorient s'est maintenu en Ligue 1, terminant seizième du championnat à l'issue de la saison 2020-2021.

de départ organisé par les salariés et mon successeur. C'était un moment émouvant. J'apprenais à cette occasion que c'était la première fois à leur connaissance qu'un pot de départ était organisé pour un directeur général quittant le FC Lorient.

Je quittai officiellement les Merlus fin septembre 2020 [132]. C'était le moment de vivre autre chose et de retrouver la petite flamme intérieure qui m'avait toujours poussé à avancer. Je la retrouve souvent quand une montagne se dresse devant moi. J'aime affronter des situations difficiles. Ma volonté de revenir en France après mon baccalauréat pour tenter de devenir footballeur professionnel. Faire de bonnes études après être sorti du système académique pendant un an. Revenir à Lorient pour reprendre le cours d'une histoire inachevée. Tomber en Ligue 2 puis gravir progressivement la montagne pour retrouver la Ligue 1.

Je n'avais pas préparé la suite. Ce métier était trop prenant pour pouvoir se consacrer à autre chose. J'avais été sollicité plusieurs fois pour rejoindre d'autres projets durant mes années à Lorient, mais je n'avais pas souhaité donner suite. J'avais d'abord une mission à accomplir au club. Désormais, je pouvais partir l'esprit tranquille. Je restais un Merlu de cœur, très attaché aux salariés, à nos partenaires et aux valeurs du territoire breton.

Depuis quelques mois, j'avais à l'esprit d'écrire un livre sur le management d'un club de football. Pas parce que je pensais avoir fait le tour de la question, ce serait bien présomptueux, mais parce que je voulais formaliser et structurer les enseignements de nombreuses discussions, de retours d'expériences, de ressentis. Cette démarche d'écriture était aussi l'opportunité de questionner ou de renforcer mes idées. Dans un secteur

132 https://www.lequipe.fr/Football/Actualites/Lorient-depart-surprise-du-directeur-general-fabrice-bocquet/1177589, février 2021.

assez informel comme celui-ci, formaliser le rôle d'un dirigeant de club faisait sens. Je voulais écrire le livre que j'aurais aimé lire avant de rejoindre le secteur du sport. Sans polémiques, mais avec des faits, des principes, des exemples. Écrire un livre équivalait à s'attaquer à une montagne d'une hauteur inconnue. Je ne sentais pas que j'avais une quelconque prédisposition d'écriture, j'étais plus habitué à la rédaction sur PowerPoint ou aux mails, mais cette aventure me plaisait. Comme le disait Mohamed Ali, « ce n'est pas la montagne à gravir qui vous fera abandonner, c'est le petit caillou dans votre chaussure ». Je n'avais pas le petit caillou. J'avais la petite flamme. Dès octobre 2020, je m'attelai à la tâche. Ce ne fut pas un long fleuve tranquille, mais je savais que j'irais jusqu'au bout. J'y mettais du sens. Après quelques mois d'écriture, de relecture, de correction, de restructuration, je réussis à atteindre le sommet de la montagne. Comme dans le football, le résultat ne doit pas être la seule chose qui compte. Le chemin est tout aussi important. Le bonheur est dans le chemin.

Dans des dîners ou lors de multiples rencontres, le football revient souvent comme thème de discussion. Des passionnés de sport ou de management, intrigués par le métier de dirigeant de club de football, n'étaient pas avares de questions. Il ne fallait pas me faire prier pour y répondre. Entre passionnés, on se comprend. Certains me demandaient si je vivais à Lorient. D'autres tombaient de leur chaise en apprenant qu'il y avait cent cinquante salariés au club. Il fallait parfois que j'explique qu'un club de football, ce n'est pas uniquement onze joueurs courant derrière un ballon. Que c'était un métier à temps plein, si ce n'est plus. Qu'il y a une vraie organisation derrière tout cela pour mettre en place les conditions de performance. Qu'un club sportif a les mêmes fondamentaux qu'une PME. Si ce livre permet aux passionnés de sport et de management de comprendre les spécificités du management d'un club de football, de comprendre pourquoi un club de football est une entreprise évoluant dans un secteur complexe, alors ce livre aura remporté une première victoire.

Il m'arrive régulièrement d'être contacté par des personnes souhaitant rejoindre le secteur du sport. Le secteur les fait rêver. Ils ont chacun leur propre petite flamme. Mais ils ne savent pas toujours comment s'y prendre et c'est normal. Le secteur du sport est une constellation de petites PME. Les portes d'entrée sont petites et cachées. J'ai toujours donné suite aux personnes m'ayant contacté pour avoir des conseils sur la façon d'intégrer ce secteur. J'étais passé par là. Lorsque l'on récolte, il faut savoir semer, c'est un devoir de dirigeant. De mon expérience, je leur donnais trois conseils :

- **Faites attention au timing.** Le secteur du sport est passionnant, mais étroit. Si vous cherchez à y rentrer trop tôt, vous aurez du mal à en sortir ensuite. Faire ses classes ailleurs plusieurs années dans un rôle plus généraliste, puis l'intégrer ensuite, vous donnera plus de latitude dans votre carrière.

- **Regardez surtout avec qui vous allez travailler.** Vous pouvez faire toute votre carrière dans un secteur qui n'est pas votre passion si vous appréciez les gens avec lesquels vous travaillez. Mais l'inverse n'est pas vrai.

- **Construisez votre propre parcours dans le sport.** Les organisations sportives étant médiatiques mais petites en taille, il n'existe pas toujours une réflexion approfondie sur la gestion des ressources humaines. Des gens restent souvent au même poste de nombreuses années. Pour construire sa carrière et son évolution professionnelle, il est important d'être dynamique, de cultiver son réseau et de rester ouvert aux bonnes pratiques d'autres secteurs.

Au-delà de ces conseils, si ce livre vous permet de saisir qu'un club en osmose avec son identité, son territoire, verra sa culture et sa performance renforcées, alors il aura remporté une nouvelle victoire.

Le management d'un club est prenant au quotidien. On en oublie souvent d'échanger avec d'autres dirigeants de clubs, professionnels ou amateurs, et de partager ses expériences. On ne cesse jamais d'apprendre. Ce livre est aussi une ouverture vers l'extérieur. Il n'est pas une finalité, mais une pièce en perpétuelle construction. J'espère que des dirigeants, des salariés, des bénévoles, des entraîneurs de clubs sportifs le liront et voudront partager leurs commentaires basés sur leur propre expérience. Si cela se produit, alors ce livre contribuera à me rendre meilleur, à nous rendre meilleurs. Il aura remporté sa plus belle victoire.

EXEMPLE D'ORGANISATION D'UN CLUB DE FOOTBALL

Gouvernance opérationnelle d'un club de football

Pôle administratif				Pôle sportif		
Commercial	**Opérations**	**Finances et RH**	**Communication institutionnelle**	**Groupe professionnel**	**Centre de formation**	**Cellule de recrutement**
Sponsoring, marketing B2B billetterie, merchandising, autres revenus.	Logistique, sécurité, achats, projets infrastructure.	Comptabilité générale et analytique, paie, social, juridique.	Communication gouvernance, relations publiques.	Entraîneur, staff (entraîneurs adjoints) et joueurs du groupe professionnel.	Directeur du centre, éducateurs et joueurs, responsable pédagogique et professeurs.	Responsable de la cellule, coordinateur, observateurs vidéos et *de visu*.

Fan experience

Événementiel, parcours client, questionnaires de satisfaction.

Marketing B2C

Réseaux sociaux, sites web, harmonisation du plan de communication.

Cellule de performance

Centralisation des éléments de performance sportive : préparation physique, médical, nutrition, réathlétisation, entraînement des gardiens de but, psychologie, team management, coups de pied arrêtés et autres gains marginaux identifiés.

Digital et IT

Création de contenus, CRM, outils de collecte d'informations sportives (recrutement, données internes vidéos et datas), architectures IT.

Data science

Algorithmes en soutien de l'équipe commerciale. Support de la data dans le recrutement (filtrage et confirmation des ressentis), l'analyse de l'adversaire et l'optimisation du projet de jeu. Synergies avec le travail vidéo.

SYNTHÈSE DES THÉMATIQUES

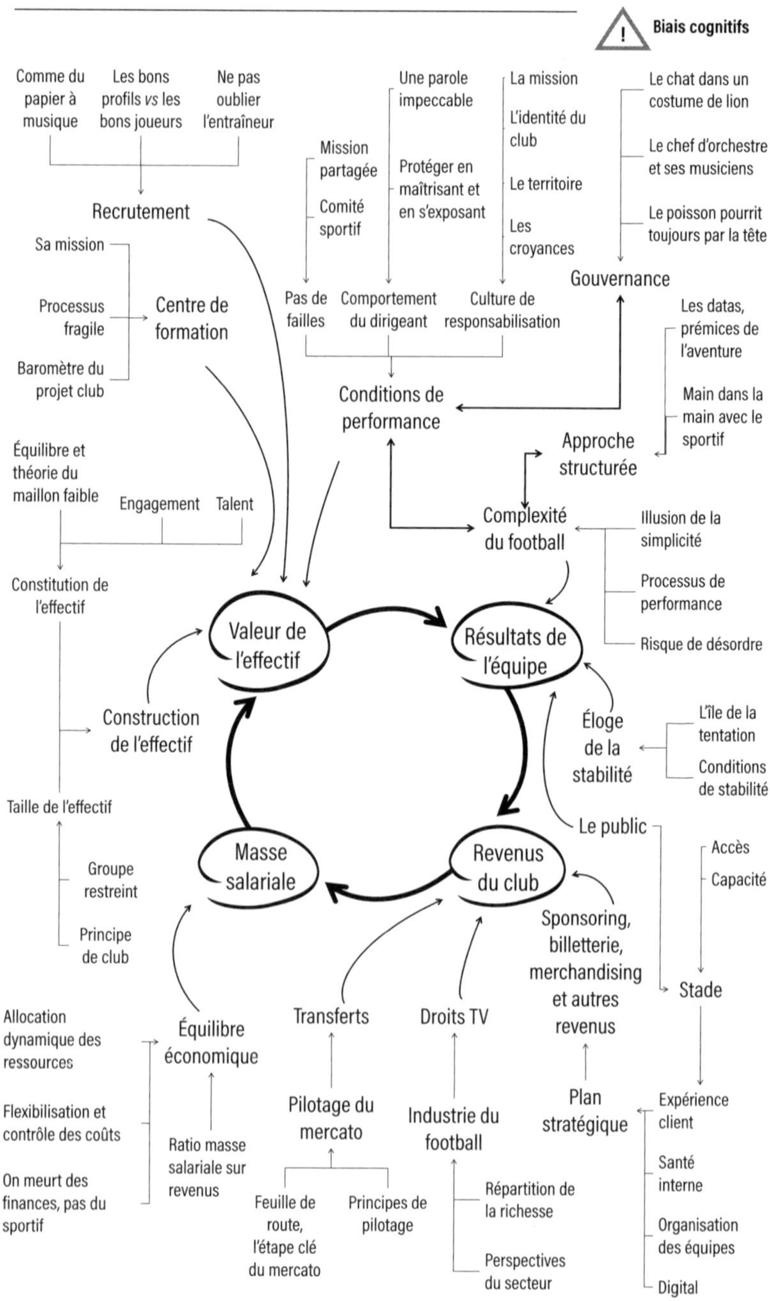

REMERCIEMENTS

J'ai eu la chance de pouvoir compter sur ma famille et mes amis qui m'ont accompagné dans la relecture du livre. Merci à mon cousin André Metzger pour sa revue rigoureuse de l'ouvrage à de nombreuses reprises. Sans ta fine plume, le livre n'aurait pas eu la même saveur.

Merci également à Roman Abreu, Saïd Aïgoun, Benjamin Charier, Rachid Dray, Baptiste Drouet, Claude Fauquet, Mickaël Landreau, Régis Le Bris, Christophe Pélissier, Achille de Rauglaudre, Pascal, Hugo et Tristan pour leurs commentaires. Je remercie aussi Loïc Féry pour ces nombreuses années passées au FC Lorient, ainsi que pour ses encouragements et remarques dans la relecture du manuscrit. Enfin, si j'ai pu aller au bout de cette aventure, c'est avant tout grâce aux encouragements et au soutien indéfectible de mon épouse et de ma mère.

Et un dernier clin d'œil à Renaud Dubois, Hélène et les équipes d'Amphora pour leur confiance !

TABLE DES MATIÈRES

Préambule 3

Chapitre 1.
Les premières années 11

Tenter pour ne rien regretter 13
Plusieurs expériences professionnelles 15
Le retour au FC Lorient 19

Chapitre 2.
Les spécificités d'un club de football 21

La taille, c'est important 23
Un plan stratégique, sans négliger la forme 26
La gouvernance d'un club,
fragile mais précieuse 29
Le chat dans un costume de lion 29
Le chef d'orchestre et ses musiciens 31
Le poisson pourrit toujours par la tête 32
La santé avant la performance 34

Chapitre 3.
L'éloge de la stabilité de l'entraîneur........................37

Changer, un remède placebo qui coûte cher 39
Difficile d'arriver à bon port en naviguant à vue............ 41
Le football, une île de la tentation 42
Créer les conditions de la stabilité....................................46

Chapitre 4.
Une relégation, l'opportunité de reconstruire 49

La chute vers l'inconnu 51
Un espoir surgit, la Lorientada....................................51
Barragiste, un moindre mal..52
La descente en Ligue 2 54
S'appuyer sur ses forces 55
Mettre du positif rapidement..55
Être prêt au pire.. 56
On gagne ensemble, on perd ensemble........................ 59
Des opportunités dans la difficulté 61
Une allocation dynamique des ressources 61
Des armes pour rebondir.. 63
Construire sur la durée.. 66

Chapitre 5.
Le pilotage d'un mercato 69

Une folle croissance du secteur... 71
Les transferts, un marqueur de la croissance du football 71
Des périodes de mercatos à optimiser 73
Le conducteur du véhicule 75
Un mercato, un projet 75
Une feuille de route pour anticiper et s'aligner......... 77
Des principes de pilotage.. 80

Chapitre 6.
Le football, bien plus complexe que prévu 87

L'illusion de la simplicité 89

Un premier accroc 89

Le résultat d'un match, peu fiable, mais très impactant 90

La jungle des données 92

La performance ne se décrète pas 95

Ne croyez pas que vos yeux 95

La performance, ça se cultive 96

Chapitre 7.
Les conditions de la performance sportive 99

Pas de faille 101

Une mission partagée 101

Les conditions de travail 103

Des processus de suivi 104

Le comportement du dirigeant de club 109

Protéger en se maîtrisant 109

Protéger en s'exposant 111

Avoir une parole impeccable 113

La culture de responsabilisation 119

La mission de l'organisation 119

L'identité club 120

Des croyances pour de la confiance 125

Chapitre 8.
Une approche structurée à déployer 129

L'ère de la data dans le football 131

Une fin de saison en queue de poisson 131

Besoin de lumière dans la pénombre 132

Les expected goals 134
Embarquer le pôle sportif 140
Les prémices de l'aventure 140
De l'humilité 141
Déployer l'approche 142
Le besoin des responsables sportifs, le point de départ 142
Les gains marginaux 144
Devenir meilleurs 147

Chapitre 9.
La construction d'un effectif professionnel 149

La taille de l'effectif 151
Le noyau de 16 joueurs 151
Les bénéfices du groupe restreint 154
Un principe de club 156
La constitution de l'effectif 158
La formule qui gagne, par Ferran Soriano 158
L'engagement de l'effectif 159
L'équilibre et la théorie du maillon faible 163
Le talent, l'élément central 168
La valeur d'un effectif 170
Un nouvel indicateur de performance 170
Les leviers d'amélioration 172

Chapitre 10.
Le centre de formation : la R&D d'un club 175

La mission du centre de formation 177
Une formation qui monte en puissance 177
La R&D d'un club de football 178
La championnite chez les jeunes 181

Un processus fragile 183
Le recrutement chez les jeunes 183
Le développement de l'intelligence des joueurs 184
Une méthodologie, mais pas de dogmatisme 186
La transition vers le monde professionnel 187
Le baromètre du projet de club 189

Chapitre 11.
La fine mécanique du recrutement 193

Comme du papier à musique 195
La stabilité de l'effectif 195
Un travail de précision à haut risque 196
Comme un département de fusion-acquisition 199
Déployer la stratégie de recrutement 201
Sélectionner ses marchés 201
Organiser sa cellule de recrutement 202
L'intégration, l'étape invisible 211
Ne pas oublier l'entraîneur 214
Le départ de Mickaël Landreau 214
L'arrivée d'un nouvel entraîneur 216

Chapitre 12.
Des graines qui germent 219

Les efforts du club récompensés 221
La convergence entre la santé et la performance 221
Un lien avec le territoire qui se retisse 223
Le digital dans un club 227
Les fondations de la stratégie digitale 227
L'utilisation des données 229
L'expérience client au centre des priorités 230
S'organiser en fonction du besoin des supporters ... 230

Le jour du match, le moment clé de l'expérience......232

Chapitre 13.
Un stade optimisé......237

Pas tous égaux......239
Un stade vétuste......239
Une dépendance aux collectivités......240
La taille fait la force......241
Les trois composantes d'un stade......242
S'inspirer d'autres secteurs......242
L'exemple récent de quelques stades français......243
Une fausse croyance......245
La vision du stade de demain......248

Chapitre 14.
Économie du football et perspective......253

Une profitabilité en question......255
Pas une fatalité......255
La course à l'armement......258
Des inégalités qui se creusent......259
Une concentration de la richesse......259
Un modèle fragile......260
De nouvelles perspectives......263
La COVID-19 et la montée en Ligue 1......263
Vers une ligue privée ?......265
Un modèle à repenser......266

Conclusion......271

Annexes......277

Exemple d'organisation d'un club de football......277
Synthèse des thématiques......278